3 secrets
pour réussir votre
vie amoureuse

3 grands secrets
pour réussir votre
vie amoureuse

Colette Portelance

Les Éditions du CRAM
1030 Cherrier, bureau 205,
Montréal, Qc. H2L 1H9
514 598-8547
www.editionscram.com

Conception graphique
Alain Cournoyer

Sources photographiques
© Liliia Rudchenko - Fotolia.com

Dépôt légal — 3e trimestre 2011
Bibliothèque et Archives nationales du Québec
Bibliothèque nationale du Canada
Copyright © Les Éditions du CRAM inc.
Nous reconnaissons l'aide financière du gouvernement du Canada
par l'entremise du Fonds du livre du Canada pour nos activités d'édition.

Gouvernement du Québec – Programme de crédit d'impôt
pour l'édition de livres – Gestion SODEC.

Société
de développement
des entreprises
culturelles

Patrimoine
canadien

Canadian
Heritage

Distribution au Canada : Diffusion Prologue
Distribution en Europe : DG Diffusion (France), Caravelle S.A. (Belgique), Servidis (Suisse)
Livres numériques : ANEL - De Marque http://vitrine.entrepotnumerique.com

Catalogage avant publication de Bibliothèque et
Archives nationales du Québec et Bibliothèque et Archives Canada

Portelance, Colette, 1943-

3 grands secrets pour réussir votre relation amoureuse

(Collection Psychologie)
Comprend des réf. bibliogr.

ISBN 978-2-923705-28-6

1. Amours. 2. Couples. 3. Relations entre hommes et femmes. 4. Réalisation de soi. I. Titre. II. Titre: Trois grands secrets pour réussir votre relation amoureuse. III. Collection: Collection Psychologie (Éditions du CRAM).

HQ801.P67 2011   306.7   C2011-941636-0

Imprimé au Canada

Table des matières

À *mes quatre enfants et à leurs conjoints*

Marie et Sylvain
Guillaume et Mélanie
David et Joëlle
Antoine et Émilie

Introduction

Un jour, alors qu'elle était à l'aube de sa vie d'adulte et qu'elle vivait de la déception et de la souffrance à la suite d'un échec amoureux, ma fille m'a demandé : « *Maman, qu'est-ce qu'il faut faire pour réussir une relation amoureuse ?* »

Comme il y a de cela plus de 20 ans, je garde un souvenir très vague de ma réponse. Par contre, je n'ai jamais oublié sa question. Au cours des années qui ont suivi, particulièrement dans les moments difficiles de ma vie de couple et quand mes proches traversaient des périodes houleuses en amour, cette question me revenait à l'esprit. Dans ces moments-là, je cherchais des réponses pour sortir du chaos. J'ai cherché dans les livres, puis auprès des couples qui s'aimaient encore après des années de vie commune. Bien que ces deux sources m'aient fourni des informations inestimables, c'est de mon propre apprentissage de la vie à deux que j'ai tiré le plus d'enseignements à ce sujet. En effet, c'est surtout grâce à cette expérience que j'ai appris, et que j'apprends encore, à m'aimer vraiment et à vivre en couple.

Mon conjoint et moi fêterons notre 50e anniversaire de vie amoureuse le 9 octobre 2012. Quand j'ai annoncé cela à une amie de longue date qui connaît bien mon parcours amoureux sur des routes parfois tranquilles, parfois cahoteuses, elle m'a répondu spontanément : « *Colette, il faudrait que tu partages ton expérience pour donner de l'espoir à ceux qui ne croient plus à l'amour et pour aider les couples malheureux.* »

Il est vrai que, au cours de ces années, j'ai connu les vicissitudes de la vie amoureuse. J'ai traversé des crises qui m'ont forcée à me remettre en question, à travailler sur moi, à tenter de me connaître et de me comprendre et à essayer de connaître et de comprendre mon conjoint. J'ai consacré du temps à notre relation. À l'instant où je rédige ces lignes, je me permets de reconnaître que je suis fière d'avoir persévéré dans les moments où j'avais envie de partir, fière de ce que j'ai appris et de ce que je suis devenue grâce à mon investissement dans cette relation.

Aujourd'hui ma vie de couple se caractérise principalement par l'amour authentique, l'harmonie, la complicité, la paix, la douceur, la facilité. Ce résultat que veulent atteindre la plupart des amoureux vous est accessible à vous aussi. La lecture de ce guide vous en convaincra, parce qu'il n'est pas construit sur des recettes-miracles ni sur des théories complexes, encore moins sur un idéal éloigné de la réalité. Cet ouvrage vous offre plutôt des moyens concrets et réalistes de créer une vie de couple heureuse tout en sollicitant votre participation. Comme ces moyens découlent beaucoup plus de mon expérience que de mes connaissances, dans ce livre, je vous partagerai surtout « mes » secrets en toute simplicité. Toutefois, avant de vous les dévoiler, entendons-nous sur le sens que j'accorde au mot « secret » et à l'expression « amour authentique ».

Le sens du mot « secret »

À mon point de vue, il existerait au moins deux types de secrets : ceux que nous devons garder confidentiels, à moins que la vie d'une personne soit en danger, et ceux que nous gagnons à révéler aux autres. Les premiers nous viennent du monde extérieur. Ils comprennent les secrets professionnels et ceux que nous confient nos amis, nos conjoints, nos enfants et nos collègues grâce à la confiance qu'ils nous accordent. Les seconds arrivent du cœur de nous-mêmes. Ils naissent des vécus affectifs de chacun d'entre nous. Grâce à eux, aux blessures qu'ils ont générées et aux noyaux d'amour qu'ils ont incrustés en nous, nous avons fait certains apprentissages et inscrit dans notre psychisme certains affects, qui font partie de la personne que nous sommes aujourd'hui et sur lesquels, consciemment ou inconsciemment, nous fondons nos choix et nos décisions. Comme une grande partie des traces laissées en nous par ces expériences affectives n'a pas été conscientisée, **nous sommes en quelque sorte, sur le plan affectif, une énigme pour nous-même. Une part de notre vie intérieure nous échappe. Ce jardin obscur renferme des secrets qui attendent que notre conscient les mette en lumière.**

Comment nos propres secrets peuvent-ils nous être dévoilés ?

C'est sans contredit nos expériences de vie et le travail sur nous-mêmes qui nous éclairent le plus en ce sens. Toutefois il ne faut pas sous-estimer l'influence qu'exercent sur nous certaines personnes dont le rôle est significatif dans notre vie. En effet, il arrive fréquemment qu'une conférence, un cours, le témoignage d'un ami ou encore un livre nous dévoile des aspects de notre personnalité qui nous étaient encore inconnus.

Pourquoi l'expérience des autres nous révèle-t-elle à nous-même ? Parce que les «secrets» affectifs personnels, lorsqu'ils sont conscientisés et exprimés, revêtent presque toujours une portée universelle. À preuve, avez-vous remarqué que, paradoxalement, lorsqu'une personne s'exprime d'une manière générale et théorique, elle touche peu de gens, alors que, lorsqu'elle parle d'elle sans ostentation et avec authenticité, elle atteint le cœur de presque tout le monde ? C'est d'ailleurs la raison pour laquelle, quand nous lisons certains ouvrages autobiographiques[1], nous avons parfois l'impression que l'auteur les a écrits pour nous personnellement tellement leur contenu nous rejoint au plus profond de nous-même.

Cela dit, je suis loin de penser que ce livre ne vous apprendra rien et ne vous apportera rien de nouveau. Cependant je suis convaincue que sa principale influence viendra surtout du fait qu'il trouvera une résonance en vous parce que certains de « mes » secrets rejoindront « les vôtres », en ce sens qu'ils vous rendront conscient de ce qui vous habite inconsciemment. En ce qui concerne les secrets de votre jardin intérieur déjà conscientisés, le dévoilement des découvertes issues de mon expérience vous encouragera, je le souhaite, à passer à l'action là où ce n'est pas encore fait. De cette manière, vous enrichirez votre vie amoureuse et vous rendrez votre relation de couple plus satisfaisante, plus solide, plus authentique et plus heureuse. Vous communiquerez vous aussi à votre entourage l'espoir de créer une relation amoureuse durable fondée sur l'amour authentique, cette forme d'amour qui reflète les sentiments réels et profonds de ceux qui le vivent.

L'amour authentique

L'amour véritable dont il sera question dans ce livre n'est pas synonyme d'oubli de soi, encore moins de détachement,

---

1   Bureau, Ginette. *À la recherche du soi. Le rituel autobiographique*. Montréal : Éditions du CRAM, 2011, 147 pages.

au sens de négation des émotions et des sentiments. Il résulte au contraire d'une relation entre deux personnes « humaines » qui s'aiment elles-mêmes d'abord et qui s'aiment ensuite l'une l'autre globalement et sincèrement. Cette globalité implique non seulement leurs dimensions intellectuelle et spirituelle, mais aussi, évidemment, leurs dimensions sexuelle et affective. Une relation de couple qui exclut la spiritualité connaît des impasses parfois insurmontables pour le cœur et la raison. Par contre, lorsqu'une telle relation nie le corps et les sentiments, elle n'est pas une relation amoureuse. C'est donc dire qu'**aimer vraiment, c'est accepter consciemment de vous attacher, sans perdre votre liberté de choix, sans sacrifier votre liberté de rester vous-même et c'est aussi laisser à l'être aimé ces mêmes libertés.**

La relation amoureuse réussie

Cet amour authentique de l'être aimé dans la liberté d'être soi sert de fondement à toute relation amoureuse réussie. Ce type de relation se reconnaît en ce qu'il favorise :

- l'épanouissement de chacun des conjoints sur les plans affectif, intellectuel, sexuel et spirituel ;
- le développement de l'amour de soi et de la confiance en soi ;
- la satisfaction des besoins fondamentaux d'amour, de respect, de sécurité, de complicité, de liberté et de paix intérieure ;
- la réalisation des aspirations personnelles les plus profondes.

S'engager dans une telle relation, c'est définitivement choisir l'aventure parce que nul ne connaît d'avance les méandres du chemin à parcourir. Comme toute aventure, celle de la relation de couple implique un travail sur soi et exige un dépassement continuel, car **le lien affectif qui unit deux amoureux est la meilleure école d'apprentissage de l'amour authentique et de la réussite de leur union.** Mes secrets concernant la réussite d'une relation amoureuse reposent donc sur cette forme d'amour global. Pour vous faciliter la lecture de ce livre, je les ai regroupés sous les trois grands titres que voici :

1. Prenez soin de votre relation amoureuse
2. Prenez soin de votre conjoint
3. Prenez soin de vous

Chacun de ces grands secrets principaux comprend des petits secrets secondaires qui éclaireront votre parcours et baliseront votre chemin pour le rendre beaucoup plus praticable quand vous rencontrerez des obstacles.

À qui ces secrets peuvent-ils être utiles ?

- À ceux qui croient à l'amour et à ceux qui n'y croient plus.
- À ceux qui s'engagent dans une nouvelle relation amoureuse et qui veulent la réussir.
- À ceux qui souhaitent approfondir leur lien.
- À ceux qui doutent de leurs sentiments.
- À ceux qui traversent une crise en ce moment et qui veulent en sortir grandis et non détruits.
- À ceux qui désirent donner une dernière chance à leur relation.

- À ceux qui espèrent que leur vie de couple serve de lieu d'épanouissement personnel et d'amour véritable.

- À ceux qui veulent retrouver l'estime et le respect d'eux-mêmes.

- Aux professionnels qui aident les couples à traverser une période difficile.

À tous, je tiens à dire que, si vous vous impliquez à fond dans la lecture de cet ouvrage, seul ou si possible avec votre conjoint, vous en sortirez très certainement avec le cœur rempli d'amour.

Premier chapitre

Prenez soin de votre relation amoureuse

Le mot « relation » signifie « lien ». Pour réaliser et entretenir ce lien, qu'il soit amical, fraternel, filial ou amoureux, une condition s'impose : l'investissement. C'est donc dire que **l'un des meilleurs moyens de réussir votre relation amoureuse est de vous y investir pleinement.**

Généralement, dans la vie, là où nous investissons, à plus ou moins long terme, nous récoltons. J'en sais quelque chose. Je n'ai pas suffisamment investi dans la santé de mon corps et, à 55 ans, j'ai récolté une maladie chronique qui m'a fait souffrir pendant des années. Par contre, je peux affirmer honnêtement que je dois la réussite de ma relation amoureuse à l'investissement. Si mon conjoint et moi sommes encore ensemble, si nous sommes amoureux l'un de l'autre plus que jamais après toutes ces années, si nous vivons une relation saine, heureuse et libre avec nos quatre enfants et nos onze petits-enfants, c'est notamment grâce à l'importance accordée à notre relation de couple. Nous nous y sommes investis tous les deux. Vous voulez que je vous confie les secrets de notre implication ?

- Accordez du temps à votre relation amoureuse.
- Élaborez des projets communs et réalisez-les.
- Personnalisez votre vie sexuelle.
- Parlez-vous de cœur à cœur.
- Engagez-vous.
- Acceptez d'être aidé.

Accordez du temps à votre relation amoureuse

Les deux principaux obstacles qui empêchent les couples de consacrer du temps à leur relation sont le travail et l'arrivée des enfants. Certains conjoints accordent du temps à leurs rencontres amicales, ce qui est excellent, voire essentiel, à la condition que ces dernières ne deviennent pas des priorités qui empiètent sur le temps réservé à la relation amoureuse. La responsabilité et l'instinct parental de même que les obligations professionnelles et financières occupent, chez certains couples, tellement de place qu'il n'en reste plus pour nourrir leur relation. Si c'est votre cas, établissez vos priorités ou reconsidérez-les et ajustez votre emploi du temps en conséquence. **Si la réussite de votre relation amoureuse s'avère fondamentale pour vous, investissez-y du temps.** Souvent les problèmes relationnels apparaissent du fait que l'un des conjoints se laisse envahir par son travail alors que l'autre demeure prisonnier de sa culpabilité s'il ne s'occupe pas de ses enfants à temps complet en plus de son emploi.

Vous pouvez mener votre vie ou vous laisser mener par elle. Autrement dit, vous pouvez vous laisser manipuler par les événements extérieurs ou vous laisser dominer par des émotions non identifiées, non canalisées et non relativisées, par exemple, la peur, la culpabilité ou l'insécurité. Quand cela se produit, vous perdez le pouvoir sur votre vie, à l'instar de Jonathan.

Par insécurité inconsciente et par ambition, cet homme s'est tellement donné pour son travail qu'il avait négligé ses enfants et sa conjointe qu'il aimait pourtant profondément. Celle-ci lui exprimait souvent ses malaises et ses besoins. Envahi par une culpabilité refoulée et par un angoissant tiraillement intérieur, il n'arrivait pas à l'entendre. Finalement, elle l'a quitté pour un autre homme. Extrêmement affecté, il a souffert d'une longue dépression. J'ai vu aussi des hommes se sentir abandonnés par leur conjointe après la naissance de leur premier enfant. Souvent dans ces cas-là, les parents restent ensemble pour les enfants, dont ils s'occupent relativement bien au détriment de leur vie amoureuse qui, elle, se caractérise par le conflit ou l'ennui.

Consciente de ces pièges, j'ai décidé, avant d'avoir des enfants, que leur présence ne m'empêcherait pas de dédier du temps à ma relation de couple. Je reconnais que cela n'a pas toujours été facile. Quand je mettais en pratique cette décision, je me sentais parfois une mauvaise mère. Néanmoins, j'ai persisté parce que j'avais besoin d'escapades pour me divertir et pour communiquer avec mon conjoint sans interférences. J'ai donc réservé, dans notre agenda et avec son accord, une soirée par semaine pour une sortie de couple. Nous partions vers le milieu de l'après-midi pour le cinéma ou le musée. Parfois, nous faisions du vélo ou prenions une marche. Nous terminions l'activité choisie par un tête-à-tête au restaurant. Dans d'autres circonstances, nous commencions par le repas et poursuivions par une conférence, une pièce de théâtre, un concert ou un opéra. Ces rencontres, en plus de nous distraire de nos occupations et de nous divertir, nous offraient l'occasion de parler de nous et de nos projets. Les nombreux avantages que j'en retirais m'encourageaient à ne pas sacrifier ce temps si précieux pour mon équilibre intérieur et notre équilibre relationnel. La plupart du temps, j'en revenais détendue, pleine d'énergie et animée de projets. Je me rapprochais de mon amoureux et je me montrais plus présente de cœur à mes enfants.

Évidemment il existe d'autres moyens de consacrer du temps à votre relation de couple. Trouvez ceux qui vous conviennent et surtout, mettez-les en pratique. Par exemple, mon conjoint et moi réservons au moins 30 minutes quotidiennement pour nous donner un massage avant de nous endormir. Nous le faisons tous les jours depuis de nombreuses années, et ce, qu'il soit dix heures du soir ou deux heures du matin. Notre assiduité n'est motivée ni par un principe, ni par une obligation, ni par une résolution, mais simplement par le plaisir et le bien-être que nous en retirons.

**Premier petit secret pour prendre soin
de votre relation amoureuse**

Au moins une fois par semaine, pratiquez une activité de couple. Inscrivez à votre agenda une période de temps pour vous divertir ensemble et pour vous parler en tête-à-tête.

Cette pratique vous donnera, entre autres choses, l'occasion de concocter des projets qui vous rapprocheront davantage et rendront votre vie de couple moins routinière et plus stimulante.

Élaborez des projets communs et réalisez-les

Du plus loin que je me souvienne, j'ai toujours eu la tête pleine de projets : des projets de couple d'abord et des projets professionnels ensuite. Comme j'ai une imagination débordante à ce propos, j'étais celle qui, dans notre relation, avait toujours une idée nouvelle à proposer. Mon conjoint, au contraire, rêvait plutôt d'une voiture neuve et d'un ordinateur dernier cri. Pour éviter de stagner dans une vie de routine et d'ennui, pour réaliser des projets avec lui, pour nous placer en situation d'apprentissage et pour exploiter notre potentiel, j'éprouvais un fréquent besoin de sortir notre vie à deux de sa zone de confort.

Je ne crois pas que j'aurais tenu 50 ans avec le même homme si nous avions formé un couple « établi ». La satisfaction de mon besoin de changement était nécessaire pour assurer la pérennité de notre relation. Ce besoin a toujours été plus fort que mes peurs et plus important que mes insécurités. Je proposais donc régulièrement à mon conjoint des petits, des moyens et des gros projets. Au cours de nos premières années de vie de couple, il se sentait bousculé par mes propositions, voire, dans certains cas, insécurisé. Il disait qu'il n'avait pas le temps de s'installer avec moi. Lui et moi étions en effet très différents sur ce point. Il n'aimait pas le changement alors que je le recherchais. Cela signifie que j'ai reçu plusieurs « non » à mes propositions, particulièrement quand il s'agissait de projets à long terme comme ceux de créer une école de formation de thérapeutes, de partir étudier à temps plein à Paris avec nos quatre enfants ou d'aller vivre au Costa Rica. Par contre, il se montrait un peu moins réticent lorsqu'il s'agissait de projets à court terme.

Je respectais ses refus lorsqu'il n'était pas d'accord. Parfois j'abandonnais le projet, mais j'ai souvent entrepris seule les démarches de réalisation, parce que je sentais, sans l'ombre d'un doute, que je me trahirais si je n'allais pas de l'avant. J'en faisais alors un projet personnel. Il arrivait fréquemment que, influencé par mon enthousiasme, mon conjoint se joigne finalement à moi. Quand nous nous impliquions tous les deux dans la réalisation d'un projet commun, l'expérience devenait extraordinaire. Si mon amoureux éprouvait de la difficulté à démarrer, une fois sur la route, il se transformait toujours en bolide. Nous conjuguions alors nos talents et nos forces et nous nous rendions jusqu'au bout. Nous partagions une complicité exceptionnelle et, lorsque nous rencontrions des obstacles, nous cherchions à les franchir plutôt qu'à revenir en arrière.

**Deuxième petit secret
pour prendre soin de votre relation**

Ayez toujours des projets communs.

**Choisissez ensemble une activité
dans le respect de vos rythmes et de vos différences.**

Dressez la liste des tâches à accomplir pour la réaliser.

**Répartissez ces tâches entre vous,
passez à l'action et rendez-vous jusqu'au bout.**

En effet, nourrissez constamment des projets de couple. Pratiquez du sport ensemble ou du Qi-Gong. Suivez des cours de cuisine, de psychologie, de peinture ou d'espagnol. Offrez du temps pour un organisme d'aide aux gens démunis, aux malades ou aux personnes âgées. Décorez votre appartement, créez une compagnie d'intérêts communs, partez à l'aventure, organisez une fête pour un de vos enfants ou invitez vos amis à souper et préparez ensemble le menu et le repas.

Quelle que soit la manière, encouragez les changements dans votre couple, bousculez votre routine tout en vous assurant qu'il y ait assez de rituels pour satisfaire votre besoin de sécurité. Autrement dit, partagez régulièrement des activités ensemble, certaines d'entre elles sans les enfants, sans la parenté, sans les amis. Ainsi, par cette forme d'investissement, vous prendrez soin de votre relation amoureuse. Vous vous rapprocherez au niveau du cœur et par l'union de vos corps vous vous communiquerez la profondeur de votre amour.

Personnalisez votre vie sexuelle

Comme je l'ai mentionné précédemment, la vie à deux est une aventure : tout le contraire des voyages organisés. Quand vous vous engagez dans une vie de couple, vous n'avez pas vraiment une idée du parcours que vous suivrez et vous ignorez totalement les expériences quotidiennes qui vous attendent. Vous partez avec le désir et la volonté de vous rendre au bout du voyage. Cependant vous ne possédez aucun pouvoir sur les effets que produira sur vous la rencontre de vos histoires de vie respectives, de vos blessures et de vos défensives. En fait, chacune de vos nouvelles relations est une aventure parce qu'elle offre quelque chose d'unique qui ne peut se comparer à ce que vous connaissiez déjà.

S'ouvrir à l'idée d'aventure est fondamental pour réussir votre relation amoureuse, car le mot « aventure » implique l'idée de changement, de création, d'imprévu, de découverte. Ce mot ouvre sur tous les possibles. Au lieu de vous entraîner vers le passé, la routine et l'ennui, l'aventure vous ancre dans le présent et vous tourne vers l'avenir. Elle vous soustrait à la comparaison et au contrôle, et vous met constamment en contact avec vos ressources. Partir à l'aventure en couple, c'est bâtir ensemble, au quotidien, votre relation amoureuse dans toutes ses facettes, y compris dans sa sexualité.

Cette dernière dimension tient une place essentielle dans la vie amoureuse et est la cause de plusieurs insatisfactions.

Par conséquent, il est indispensable qu'elle occupe une place dans ce guide, d'autant plus que la sexualité est présente partout dans la société moderne : dans les livres, sur les grands et les petits écrans, dans les revues, sur les panneaux publicitaires. Elle fait l'objet de nombreux graffitis, de plusieurs sujets de conversation, de multiples conférences. Des experts l'ont définie, disséquée, classée en catégories. Ils ont distingué les comportements sexuels normaux des comportements sexuels déviants et ils ont enseigné aux couples des moyens pour développer une sexualité épanouie. Leurs apports, quoique non négligeables, ne représentent pas toujours les meilleures ressources d'un couple qui veut connaître une vie sexuelle satisfaisante, car ils peuvent parfois enfermer les amoureux dans un modèle qui ne leur convient pas.

Le secret des meilleures réussites dans ce domaine réside dans l'expérience unique de chaque couple et celle-ci se construit jour après jour dans le respect des différences de chacun. Vous devez savoir qu'**il n'y a pas de sexualité idéale, pas plus qu'il n'existe de conjoint idéal.** Mieux vaut partir à zéro avec votre amoureux sans vous comparer l'un à l'autre et sans comparer votre nouvelle expérience avec vos précédentes, si vous en avez eu d'autres. Oubliez les commentaires de vos copains, leurs soi-disant performances ; adaptez les conseils des spécialistes à votre réalité et ouvrez-vous à la découverte et à la création d'une sexualité unique : la vôtre. Rappelez-vous aussi que la vie sexuelle, bien que fondamentale, n'est pas le seul secret de la réussite de la relation amoureuse et que celui qui réduit cette relation à ce seul aspect ne pourra jamais être vraiment heureux en couple. Chez les couples heureux, la sexualité est épanouie parce qu'ils respectent les autres secrets de la vie à deux.

<u>**Troisième petit secret**</u>
<u>pour prendre soin de votre relation.</u>

Ne cherchez jamais à performer sexuellement.

**N'essayez pas de correspondre
aux expériences de vos amis,
aux exemples véhiculés par les médias
et de vous conformer aux «il faut que»
de certains spécialistes.**

La vie sexuelle est une aventure.

Personnalisez-la.

**Créez-la à partir de qui vous êtes
et du couple unique que vous formez
avec votre partenaire amoureux.**

Pour connaître une satisfaction durable sur ce plan, il est essentiel de ne pas vous inquiéter quand la flamme de la passion vacille, quand le désir s'affaiblit, quand l'herbe semble plus verte sur le terrain d'à côté. Dans ces moments-là, au lieu de céder à vos pulsions trompeuses, questionnez le parcours de l'aventure. Voyez si vous n'êtes pas dans la comparaison ou dans la recherche d'un idéal éloigné de votre réalité. Voyez si votre vie à deux n'est pas trop routinière ou si elle ne manque pas de romantisme. Voyez si vous entourez votre sexualité de moments de tendresse et d'attentions dans le quotidien. Autrement dit, cherchez, à l'intérieur de votre relation, ce que vous auriez avantage à changer ou à améliorer pour que votre vie sexuelle devienne plus épanouissante. Il n'est pas rare que la solution aux problèmes sexuels d'un couple se trouve dans sa manière de communiquer.

Parlez-vous de cœur à cœur

J'ai toujours insisté pour approfondir les choses. Dans ma relation amoureuse, je ne suis jamais restée avec des non-dits. Je crois que certains couples seraient encore ensemble s'ils s'étaient exprimé leurs malaises à mesure qu'ils les vivaient sans accuser l'être aimé. Quand quelque chose me dérangeait, me blessait ou m'«insatisfaisait», il fallait que je le dise, même si je craignais de créer un conflit; même si j'avais peur du rejet, du jugement, de la culpabilité ou de l'humiliation, de la souffrance et même si je savais que mon conjoint aurait préféré que je me taise et que j'oublie. Je continuais à investir dans la communication tant et aussi longtemps que je ne me sentais pas entièrement en harmonie avec moi-même et avec lui.

Être en harmonie, c'était m'assurer de la satisfaction de nos besoins réciproques, vérifier que nous avions été bien entendus tous les deux. Parfois, à cause de nos blessures et de nos défensives, le défi était de taille. Nous avons connu des impasses. Nous nous sommes fait aider. Je ne voulais rien laisser en suspens. Je ne voulais pas d'une relation tiède basée sur la tolérance et le refoulement. Je savais trop bien que la tolérance et le refoulement créent des distances ou provoquent des crises de nerfs quand le vase est trop plein. Avec le temps, j'ai appris à devenir plus responsable et, surtout, à m'excuser de mes torts ou de mes paroles blessantes, parce que trop défensives.

J'ai appris aussi que, si je ne m'occupais pas de mes malaises, je n'étais pas heureuse parce que je nourrissais du ressentiment envers mon amoureux. J'ai compris qu'il fallait que je compose avec mes peurs pour mieux les dépasser parce que **les refoulements accumulés tuent l'amour.**

Selon moi, **la meilleure façon de vous investir dans votre relation amoureuse consiste à ne jamais garder d'insatisfactions sur le cœur sous prétexte de maintenir la paix; de ne jamais laisser une blessure ouverte ou de ne jamais rester avec des problèmes non résolus en vous disant que le temps changera les choses ou en vous imaginant qu'en faisant l'amour tout s'effacera.** J'ai vu des couples qui avaient une excellente vie sexuelle et qui ne sont plus ensemble aujourd'hui.

Votre conjoint doit être votre meilleur ami. Donc, vous investir, c'est lui parler de vos malaises et de vos besoins en choisissant le moment approprié et la manière responsable de vous exprimer. Parfois cela suppose que vous preniez un moment d'introspection avant de lui parler. Parfois, vous aurez besoin d'aide, mais il importe de ne pas abandonner et de ne pas vous abandonner. Surtout, ne vous contentez pas des miettes en amour pour éviter la chicane. Certes, la réalisation de ce secret vous demandera un effort. Vous devrez surmonter des peurs, mais, à long terme, vous verrez que l'effort en vaut la peine, croyez-moi.

**Quatrième petit secret
pour prendre soin de votre relation**

Ne refoulez pas vos malaises.

**Parlez-vous tous les deux de cœur à cœur
sans accusation et sans reproche.**

Exprimez clairement vos besoins.

**Reconnaissez vos erreurs et excusez-vous
quand vous avez blessé l'autre.**

Surtout ne vous contentez pas d'une relation tiède.

La communication authentique n'est pas seulement souhaitable pour prendre soin de votre relation de couple. Elle s'avère essentielle. Elle est « l'oxygène » de la vie à deux. C'est donc dire que **si vous n'arrivez pas à vous parler sans exploser ou vous fermer, apprenez à communiquer.** Inscrivez en priorité, dans vos projets communs, des cours de communication, une thérapie de couple ou la lecture à deux d'un bon livre sur le sujet, par exemple, « *Approfondissez vos relations intimes par la communication authentique*[2]. » ou encore « *Vivre en couple et heureux, c'est possible*[3]. » Si vous êtes vraiment engagés dans votre relation amoureuse, ce qui est indispensable à sa réussite, actualisez ce 4e petit secret le plus tôt possible.

Engagez-vous

L'un des plus importants besoins fondamentaux de l'être humain est le besoin de sécurité affective. Dans votre relation amoureuse, il est nécessaire que ce besoin soit satisfait, parce que c'est sur lui surtout que repose le sentiment d'être aimé. Il est cependant très difficile de vous sentir sécurisé si vous doutez constamment de l'amour de votre conjoint et si vous ne lui donnez pas votre confiance. Une relation de couple ne peut se construire si elle est vécue dans l'insécurité. Elle ressemblerait à un château de cartes ou à une maison sans fondations, construite sur le sable. Vous devez être conscient de cette réalité et placer en priorité la satisfaction de votre besoin de sécurité affective si vous voulez réussir votre vie à deux.

La personne dont le besoin de sécurité n'est pas comblé devient inquiète, voire angoissée. Elle peut alors se défendre de ses malaises par l'investigation, l'envahissement, le

---

2   PORTELANCE, Colette. Éditions du CRAM. Montréal, 2007, 216 pages.

3   PORTELANCE, Colette. Éditions du CRAM. Montréal, 2007, 286 pages.

reproche, la culpabilisation, le contrôle, la victimisation, quand ce n'est pas par des sollicitations constantes et inappropriées à son besoin réel. Parfois même, elle adopte un comportement d'enfant gâté toujours insatisfait qui ignore ce qu'il veut. Il est donc important que, dans votre couple, chacun de vous prenne la responsabilité de s'occuper de ce besoin en identifiant la manière dont il aimerait être sécurisé et en formulant des demandes claires et précises à ce sujet. Chacun doit aussi se montrer sensible à ce besoin vital chez l'être aimé. La manière indispensable pour le satisfaire est l'engagement à rester dans la relation même et surtout dans les périodes difficiles.

Mais que signifie « s'engager » dans une relation de couple ?

S'engager, c'est choisir de s'investir dans la relation avec ce qu'elle comporte de joies, de peines, de responsabilités, de problèmes et de moments d'extase. Le véritable engagement résulte d'un choix conscient : le choix de vivre à deux ou de rester seul. Quel que soit votre choix, le tout est de l'assumer pleinement et d'en accepter les conséquences, qui sont, comme dans n'importe quel choix, parfois agréables, parfois désagréables.

Le principal obstacle à l'engagement dans la vie à deux réside dans la peur de perdre sa liberté. Je crois que cette peur est mal fondée, puisque la véritable liberté, celle qui permet d'évoluer intérieurement, résulte d'un choix. Dans la vie, quand nous ne choisissons pas, dans quelque domaine que ce soit, nous stagnons et nous souffrons parce que nous entretenons le doute en nous. Celui qui ne choisit pas et ne prend pas de décision n'est pas libre parce qu'il se laisse mener par les circonstances extérieures ou par ses peurs. Il est donc important que vous arrêtiez des choix pour vous libérer des malaises causés par l'incertitude chronique et pour passer à l'action, vous réaliser et réaliser votre vie. **Sachez que ce n'est pas l'engagement qui vous emprisonne dans un couple, c'est le doute et l'indécision, c'est-à-dire, paradoxalement, le manque d'engagement.**

Une autre raison m'amène à affirmer que la peur de perdre sa liberté dans l'engagement est mal fondée. Certaines personnes croient naïvement, comme le suppose l'adolescent, qu'être libre, c'est faire ce qu'elles veulent, quand elles le veulent et avec qui elles le veulent. Cette forme de liberté n'existe pas, parce qu'elle est limitée par les autres. C'est notamment ce qui a fait dire à Sartre : « *L'enfer, c'est les autres.* » Avec une telle croyance, il est impossible de vivre une relation affective à long terme avec un être humain, quel qu'il soit. Le sens accordé au mot « liberté » entre ici en cause. **Être libre en couple, c'est choisir de s'engager envers l'être aimé et aussi envers soi-même.**

L'engagement envers soi s'avère indispensable à la réussite d'une relation amoureuse. Pour l'actualiser, il faut impérativement que vous restiez vous-même avec l'autre, c'est-à-dire que vous ne trahissiez jamais votre vérité intérieure quoiqu'il arrive. C'est en cela que la plupart des amoureux perdent leur liberté. Ils se trahissent par peur de perdre, par peur du conflit ou par peur du rejet, du jugement ou de l'humiliation. Inconscients de ce fonctionnement émotionnel, ils mettent en cause leur relation, rendent leur conjoint responsable de leur sentiment d'étouffement et essaient de changer celui-ci alors que la source et la solution à leur problème se situent en eux.

Cela dit, sachez que je ne prône pas l'engagement à tout prix. Je vous mets en garde contre les comportements extrêmes qui consistent à vouloir vous séparer dès le premier obstacle ou encore à endurer pendant des années l'humainement insupportable par manque de confiance en vous. Je dis simplement que la réussite d'une relation amoureuse repose sur l'engagement des deux amoureux à s'investir dans la fidélité et l'exclusivité sexuelle, sans quoi il y a de très fortes possibilités qu'elle soit vouée à l'échec.

**Cinquième petit secret
pour prendre soin de votre relation amoureuse**

**Engagez-vous
envers l'autre et envers vous-même.**

**Franchissez ensemble les obstacles
sans trahir votre vérité profonde
et observez-vous pour vous connaître
et vous comprendre,
pour connaître et comprendre votre conjoint
et pour rendre votre couple plus fort et plus uni.**

Finalement entrez à fond dans la vie de couple. N'ayez pas un pied dedans et l'autre dehors. Sachez une fois pour toutes que, si vous optez pour ce choix, vous devez faire le deuil du célibat. **Vous devez cesser de vouloir vivre à deux comme si vous étiez célibataire. La vie de couple apporte ses contraintes, bien sûr, mais, pour qui choisit de s'y investir, elle est aussi une source intarissable de satisfactions, d'apprentissages, d'approfondissement et de propulsion.** Surtout, dans les moments trop difficiles, ne partez pas sans aller chercher une aide professionnelle. Si cette aide ne vous permet pas de poursuivre votre route ensemble, elle rendra votre séparation beaucoup moins douloureuse.

Acceptez d'être aidé

Les trois plus grands obstacles qui empêchent certaines personnes de se faire accompagner sur le plan psychologique quand elles souffrent ou que leur vie de couple est menacée sont :

- **l'orgueil ;**
- **la difficulté à reconnaître leurs responsabilités ;**
- **la peur et la honte de se montrer vulnérable.**

Ces personnes préfèrent recommencer ailleurs une autre relation ou vivre seules plutôt que de se remettre en question. Pourtant, dans un couple, lorsque les deux conjoints sont aux prises avec un système relationnel basé sur la défensive, ils risquent de le répéter dans une autre relation s'ils ne décident pas un jour de le désamorcer. C'est alors, à mon avis, qu'un recours à une aide extérieure au moyen de la thérapie individuelle ou relationnelle devient nécessaire.

S'il est souhaitable que les deux membres du couple fassent une thérapie quand ils sont confrontés à une impasse, ce n'est pas nécessaire. D'ailleurs, ce choix est impossible si l'un des deux refuse catégoriquement d'entreprendre la démarche pour les raisons citées plus haut. Si c'est votre cas, c'est-à-dire si votre conjoint refuse d'entreprendre un travail thérapeutique, respectez-le et n'hésitez pas à faire ce travail seul. **Sachez qu'il faut deux personnes pour créer un système relationnel insatisfaisant, mais qu'il suffit d'une seule pour le défaire.**

En effet, si vous changez vos fonctionnements d'une manière constante à la suite d'une prise de conscience de vos mécanismes de défense, de vos blessures et de vos besoins, ainsi que du travail à fournir pour améliorer la confiance en vous, votre conjoint en sera forcément ébranlé. Il est impossible que votre nouvelle attitude le laisse indifférent. Vos comportements inhabituels le bousculeront intérieurement.

Donc, **pour transformer le système défensif qui vous lie à votre conjoint, arrêtez de vouloir le changer. C'est vous qui devez changer.** Inutile de continuer à adopter vos comportements habituels puisqu'ils ne fonctionnent pas. Changez votre attitude et votre manière de parler ou d'agir. Si, par exemple, vous prenez habituellement la fuite quand vous ressentez un malaise, restez. Si vous avez toujours rendu votre conjoint responsable de vos problèmes, voyez votre part de responsabilité et reconnaissez-la. Si vous refoulez toujours vos émotions par peur de perdre, travaillez en thérapie la confiance en vous et affirmez-vous en prenant le risque de perdre plutôt que de vous perdre. Croyez-moi, votre changement déstabilisera votre conjoint, qui devra se remettre en question et s'ajuster pour entrer en relation avec vous d'une manière différente, plus satisfaisante et plus saine.

Persévérez dans cette démarche. Au début, pour calmer le sentiment d'insécurité que suscitera en lui votre changement, votre conjoint tentera probablement par tous les moyens possibles de vous ramener dans vos systèmes ordinaires de fonctionnement. Restez vigilant et fiez-vous à vos forces intérieures. La constance est ici la mère du succès.

Toutefois la transformation comportementale, pour porter des fruits, doit impérativement naître d'une transformation intérieure. Le rôle d'une bonne thérapie est de vous aider à vous occuper de l'enfant blessé en vous et de vous apprendre à en parler à votre amoureux sans accusation, sans reproche et sans culpabilisation. Tant que vous refoulerez et ignorerez vos blessures, elles provoqueront des comportements défensifs qui nuiront à votre relation de couple. Il apparaît donc fondamental de trouver une personne qui possède la compétence requise pour vous aider à apprivoiser vos émotions, à vous connaître, à vous exprimer et à réagir d'une façon juste, c'est-à-dire dans le respect de vous-même et de votre amoureux.

La thérapie individuelle ou relationnelle

Le problème qui se pose généralement en ce qui concerne la thérapie est qu'elle fait peur à ceux qui n'en ont jamais fait et à ceux qui en ont fait avec des thérapeutes incompétents – il en existe dans toutes les approches. Cette peur est compréhensible et légitime parce qu'une telle démarche amène ceux qui la poursuivent sur un terrain qui leur est en grande partie inconnu : leur terrain intérieur. Ce dernier est tellement sensible et délicat qu'il est tout à fait normal de ne pas vouloir l'exposer à n'importe qui. Il renferme des émotions intenses et des blessures profondes que vous avez refoulées pour éviter de souffrir. Malheureusement, quand elles sont réveillées par votre conjoint, ces blessures vous font mal. C'est alors ce que vous faites avec cette souffrance qui peut causer vos problèmes relationnels. Cela dit, que doit attendre un couple en difficulté d'un bon aidant ?

Le bon thérapeute individuel ou relationnel

Un bon thérapeute est un être qui, par une écoute attentive et chaleureuse, favorise la participation de toutes les dimensions de l'aidé dans l'ici et maintenant de la relation thérapeutique et qui favorise l'expression du vécu et des besoins sans provoquer volontairement aucune libération de charges émotionnelles. En effet, **percevoir le monde intérieur d'un être humain de façon juste exige une écoute**

36

beaucoup plus large qu'une simple capacité auditive ; cela demande une écoute du cœur, une écoute absolument indissociable de l'écoute de soi. Il s'agit pour le thérapeute qui pratique cette forme d'écoute de posséder une solide connaissance de l'être humain et de lui-même, et surtout une présence tellement sensible, respectueuse et totale à l'aidé qu'il lui est possible de prononcer les mots justes qui reflètent exactement les paroles de l'aidé, son vécu, ce qu'il veut et ce qu'il « est » au plus profond de lui-même. Cette écoute-là est rare, mais elle est nécessaire.

Ces quelques mots sur la relation d'aide peuvent sembler inappropriés dans ce contexte, mais ils ne le sont pas. Leur but est de démystifier le travail thérapeutique et d'encourager les personnes dont les relations amoureuses se détériorent à s'offrir ce cadeau de l'accompagnement. C'est l'un des plus importants secrets d'une relation affective réussie. Quand vous vous sentez coincés dans un système relationnel qui entretient les conflits parce que la communication dans votre couple est remplie de projections et d'interprétations inconscientes, il est presque impossible de vous en libérer sans le recours à une aide extérieure. Vous êtes alors trop impliqués émotionnellement pour voir clair en vous. Vous ne cherchez qu'à vous défendre, ce qui est tout à fait normal.

L'art d'aider vraiment d'une manière entièrement non directive, c'est-à-dire sans orienter les décisions, sans interpréter, sans juger, sans se projeter, sans contrôler, demande que l'aidant ne craigne pas de se rencontrer lui-même de l'intérieur. **Aider, c'est accompagner une personne dans un processus qui la révèle à elle-même, qui favorise l'amour d'elle-même et qui lui offre l'entière liberté de se montrer telle qu'elle est en présence de l'autre.** Ce travail ne peut s'accomplir qu'à l'intérieur d'une relation authentique avec un aidant qui ne se cache pas derrière sa théorie et sa technique, un aidant qui n'oublie jamais que seul l'aidé porte en lui la solution à ses problèmes. Cela demande une grande compétence, un travail incessant sur soi, une conscience juste de sa valeur et beaucoup d'humilité.

Quand je parle d'humilité, je ne nie pas l'importance du thérapeute dans la relation thérapeutique. Sans sa présence et son investissement, la relation n'existerait pas. Cependant il n'est pas celui qui fait pousser l'arbre, mais celui qui l'arrose. L'aidé porte déjà en lui-même son potentiel de croissance. La thérapie ne fait que le mettre en lumière. Le rôle du thérapeute consiste donc à éclairer ce qui était dans l'ombre chez l'aidé et à lui faire confiance, ce qui demande une capacité à lâcher-prise sur les résultats.

Quand on aide quelqu'un, il est absolument essentiel de ne concevoir aucun projet sur ce qui pourrait être l'issue du parcours. Celle-ci n'appartient pas à l'aidant. Le travail de ce dernier se trouve dans le processus d'accompagnement, dans sa confiance en les ressources de l'aidé et dans le pouvoir guérisseur de la relation vraie. Peu importe le chemin que prend le client, c'est lui qui choisit sa destination. Le thérapeute n'a qu'à le suivre sur ce parcours qui est le sien. Aussi, c'est le couple qui décide ce qu'il veut par rapport à son avenir.

Je me souviens avoir entendu un jour un commentaire de la part d'une personne qui ne connaissait pas l'Approche non directive créatrice[MC] (ANDC[MC]) que j'ai créée et qui m'a dit : « *Vous, les thérapeutes non directifs, vous ne dites rien et, quand vous parlez, c'est pour répéter ce que votre client a dit. Au fond, c'est facile. N'importe qui peut faire ça.* » L'ANDC n'est pas une technique, c'est une approche relationnelle, probablement la plus difficile à appliquer qui soit. Elle n'est pas née uniquement de mes connaissances en psychologie et de mes longues études doctorales. Elle vient surtout de mes expériences de vie et de leur influence sur moi. Très jeune j'ai compris l'influence de la relation sur le développement de la personnalité d'un être humain. J'ai saisi rapidement l'impact sur moi de la relation que mes parents vivaient entre eux et celle qu'ils établissaient, différemment, avec les membres de ma fratrie et avec moi-même.

Nos principales blessures, nos mécanismes de défense et nos manques affectifs naissent principalement dans la famille. C'est pourquoi j'ai créé une approche qui, par la relation saine, peut transformer en affects positifs, les affects négatifs créés en nous dans le passé. Je voulais que les thérapeutes formés à cette approche deviennent des spécialistes d'une relation d'aide qui favorise la transformation intérieure et qui contribue à améliorer les relations humaines, particulièrement les relations affectives.

Je suis maintenant convaincue que l'expérience thérapeutique est un moyen par excellence pour rapprocher les couples coincés dans le labyrinthe de systèmes relationnels dont ils ne trouvent pas la sortie. Cette démarche s'effectue avec une personne qui travaille à mettre en lumière ses propres secrets ; qui, sans être parfaite, a appris à s'aimer assez pour s'occuper de ses besoins ; qui est consciente de ses manques et de ses limites, et qui les reconnaît ; qui a développé le sens de la responsabilité personnelle ; qui sait comment se protéger pour éviter de réveiller constamment ses blessures et de les projeter sur les autres ; et qui a appris à se dire authentiquement, dans le respect d'elle-même et de l'autre, en relation – ce qu'apprennent les thérapeutes ANDC dans leur formation.

Si vous souhaitez réussir votre relation affective quand elle se trouve dans l'impasse, investissez-vous dans une thérapie avec un spécialiste de la relation ou inscrivez-vous à un groupe animé par un tel spécialiste. Si votre objectif n'est pas de devenir thérapeute, mais de vous connaître davantage et d'améliorer votre relation avec votre conjoint, vos enfants, vos parents ou vos amis, inscrivez-vous à la première année du cursus de formation[4] à l'ANDC qui s'intitule *Connaissance de la personne humaine et de soi par la relation*, ou participez à un groupe qui offre l'équivalent. Je vous assure que vous ne le regretterez pas.

Pour terminer ce chapitre, je ne dirai jamais assez à quel point les couples ouverts à la relation d'aide sont privilégiés. À certains moments de votre vie à deux, quand vous vous trouvez prisonniers de vos systèmes relationnels ou lorsque vous sentez que la flamme de l'amour commence à vaciller, que vous avez envie de « regarder de l'autre côté de la clôture » ou lorsque vous ne savez plus comment sortir des querelles incessantes qui vous blessent mutuellement, la thérapie constitue une excellente ressource. Bien des couples éviteraient les nombreuses souffrances causées par les séparations et les divorces s'ils travaillaient à se libérer de leurs préjugés par rapport à elle.

**Sixième petit secret
pour prendre soin de votre couple**

Si vous êtes coincé dans une relation amoureuse qui vous fait souffrir, combattez l'orgueil, dépassez vos peurs, détruisez vos préjugés et acceptez de consulter un professionnel de la vie relationnelle.

Pour arriver à vivre ensemble dans la paix et la sérénité plutôt que dans la guerre ou l'ennui, il faut s'investir.

---

4   http ://www.cram-eif.org/formation/formation_base/certificat1

La relation d'aide peut représenter une excellente façon de le faire quand tous les moyens d'implication cités dans ce livre n'ont pas suffi à dénouer vos conflits récurrents. Dans le cas où vous décideriez ensemble d'entreprendre une telle démarche, informez-vous bien pour choisir un thérapeute compétent qui convient à vos besoins, quelle que soit son approche. Si vous vous aimez assez vous-même et si vous aimez votre conjoint, occupez-vous de votre relation amoureuse quand elle vous semble trop houleuse et que vous êtes malheureux. Faites de la relation d'aide un projet commun.

Pour cibler vos véritables besoins et orienter votre action dans le sens qui vous convient, consacrez d'abord au moins une heure de votre temps pour effectuer ensemble l'exercice suivant. Il servira d'excellent point de départ dans votre démarche de prise en charge de votre relation amoureuse. Toutefois, avant que vous plongiez dans cet exercice, je répondrai à une question qui m'est fréquemment posée à propos de l'investissement.

Que faire quand l'autre ne s'investit pas?

Quand nous nous engageons à fond dans une relation amoureuse, nous avons parfois le sentiment que l'autre ne s'investit pas. Cependant, la plupart du temps, c'est faux. Il s'investit, mais à sa façon, c'est-à-dire à partir de lui et de ce qu'il peut donner.

Longtemps j'ai reproché à mon amoureux son manque d'investissement là où moi je m'investissais, c'est-à-dire en proposant, par exemple, des projets de couple ou en initiant la communication, jusqu'au jour où j'ai compris qu'il donnait beaucoup de lui-même, mais différemment. Mon conjoint est l'homme du présent. Je peux lui demander n'importe quoi dans l'ici et maintenant – quand je dis n'importe quoi, je ne suis pas loin de la vérité – il laissera son activité du moment pour me rendre service. Dans le présent, il met facilement et naturellement ses occupations entre parenthèses et se rend presque toujours disponible devant une demande de ma part. Il est heureux de m'aider à préparer un repas ou à faire une course. Si j'en exprime le besoin, il sait s'arrêter pour m'écouter, m'accompagner dans mes peines et dans mes joies, me soutenir dans la souffrance et m'encourager dans mes projets personnels. Il s'investit aussi par son côté pragmatique ; par l'expression de son amour, par des mots, des écrits, des gestes tendres, du respect. Donc, avant de reprocher à votre conjoint son manque d'investissement, procédez à l'exercice suivant. Faites-le dans le but d'améliorer votre relation, sans comparaison et sans reproche. Ouvrez-vous à sa différence. Arrêtez-vous donc pour prendre conscience de vos manières de vous investir tous les deux dans votre relation amoureuse.

Exercice sur le rapport à l'investissement

1. Prenez une feuille de papier ; séparez-la en deux par une ligne verticale.

2. D'un côté, écrivez votre prénom, de l'autre, celui de votre conjoint.

3. Inscrivez maintenant en détail les moyens d'investissement de chacun d'entre vous dans votre vie amoureuse en ce qui concerne :

   • les tâches à accomplir
   • l'éducation des enfants
   • la communication
   • l'ouverture au changement

- *le support matériel*
- *le support affectif*
- *l'écoute*
- *la présence*
- *la reconnaissance de l'être aimé*
- *les activités récréatives*
- *les formes d'expression de votre amour*
- *les formes de respect*
- *les aptitudes dans tous les domaines*
- *les qualités de chacun de vous,*
- *etc.*

Si, en faisant cet exercice, vous réalisez que l'un de vous ne s'investit pas ou s'investit trop peu, exprimez clairement vos besoins et entendez-vous pour poser des actions de manière que vous soyez satisfaits tous les deux. Si c'est vous qui ne vous impliquez pas suffisamment, reconnaissez-le avec honnêteté et remettez-vous en question. Si c'est votre conjoint, surtout ne le blâmez pas et ne le culpabilisez pas. Demandez-lui simplement s'il est prêt à s'impliquer davantage et comment il souhaite le faire. Si vous éprouvez des besoins spécifiques, exprimez-les en respectant ses limites et sa différence. N'oubliez pas que la réussite d'une relation amoureuse dépend de l'engagement des deux partenaires dans le quotidien, pas d'un seul, et ce, dans le respect nécessaire de la différence de chacun.

C'est notamment en acceptant vos différences et en les conjuguant que vous arriverez à créer une relation de couple qui vous donnera envie de retrouver l'être aimé le plus souvent possible et de bâtir un projet de vie commun au moyen de l'investissement. Sachez que l'amour est indissociable de la relation. Un amour solide repose sur une relation saine et, réciproquement, une relation réussie résulte d'un amour authentique. Croyez-moi, si vous prenez soin de votre relation amoureuse et que vous l'arrosez de votre tendresse et de votre loyauté, elle croîtra et s'approfondira de jour en jour, et ce, d'autant plus si vous prenez soin aussi de la personne que vous aimez.

Deuxième chapitre

Prenez soin
de votre conjoint

Quand commence une relation amoureuse, la plupart des partenaires recherchent l'amour, la compréhension, l'écoute et la reconnaissance. Ils attendent de l'être aimé, consciemment ou non, qu'il comble leurs manques affectifs. Bien que normale, cette attitude ne rend pas un couple heureux. Elle est plutôt annonciatrice de déceptions, d'insatisfactions et de frustrations. Par conséquent, elle maintient les membres du couple dans un comportement de victimisation et d'égocentrisme. Au lieu de panser les blessures, elle les endolorit davantage.

Comment alors, quand vous êtes engagé dans une relation amoureuse, pouvez-vous adoucir la souffrance causée par vos carences affectives non comblées ?

C'est dans l'amour de vous-même et dans celui que vous témoignez à l'autre plus que dans celui que vous attendez de lui que, petit à petit, vos blessures se cicatrisent. Cela signifie donc que prendre soin de votre relation amoureuse est nettement insuffisant pour rendre un couple heureux ; il importe aussi que vous preniez soin de votre conjoint, sans vous oublier vous-même, ce qui est loin d'être évident.

L'amour de soi, dont je parlerai largement au prochain chapitre, est un préalable indispensable à ce qui fait l'objet du
présent chapitre à savoir, l'amour véritable de l'autre. Cependant aimer amoureusement une personne et prendre soin
d'elle, qu'est-ce que cela implique ? Mes petits secrets pour
répondre à cette question n'ont pas la prétention d'être ex-
haustifs. Toutefois ils ont rendu service à plusieurs couples.
Je souhaite qu'ils vous soient utiles à vous aussi.

Donc, pour prendre soin de votre conjoint :

1. Désamorcez le système égocentriste/allocentriste.

2. Respectez votre amoureux.

3. Manifestez-lui votre amour.

4. Dites du bien de lui ou abstenez-vous d'en parler.

Désamorcez le système égocentriste/allocentriste

Le manque d'amour de soi dans une relation de couple se
manifeste notamment de deux manières différentes chez les
amoureux, soit par un comportement égocentriste, soit par un
comportement allocentriste. Ensemble ces comportements
créent un système relationnel qui engendre de la souffrance.
Pour l'égocentriste, le centre d'intérêt de la vie semble tourner autour de lui-même. L'allocentriste, au contraire, nous
apparaît comme quelqu'un qui accorde aux autres une importance démesurée au détriment de ses propres besoins.
Malgré le fait que le premier soit mal jugé et le second,
valorisé, les comportements de ces deux types de personnes provoquent des effets négatifs sur la relation amoureuse, car, lorsqu'ils créent un système, ils sont défensifs.

Le système égocentriste/allocentriste n'est pas fonction-
nel, parce qu'il repose sur un profond déséquilibre. En effet,

les deux membres du couple prisonniers de ce système sont, sur le plan comportemental, centrés sur la même personne. L'un prend sans donner et l'autre donne sans recevoir. L'égocentriste ne tient pas suffisamment compte de l'autre et l'allocentriste s'oublie lui-même, du moins en apparence.

En réalité, la motivation de celui qui donne sans recevoir réside, la plupart du temps, dans l'une ou l'autre des raisons défensives suivantes :

- pour dissiper ses sentiments de culpabilité, d'insécurité ou d'impuissance ;
- par peur d'être jugé, abandonné ou humilié à la suite d'expériences passées de culpabilisation, d'humiliation ou d'abandon ;
- par peur du conflit, qu'il ne peut supporter ;
- pour se défendre contre toutes les émotions et tous les sentiments désagréables qui l'habitent ;
- pour s'attirer l'amour et la reconnaissance de l'être aimé ;
- pour le rendre redevable ;
- parce que c'est humiliant pour lui d'exprimer son vécu et ses besoins, et qu'il se sentirait rabaissé s'il le faisait ;
- pour contrôler ;
- pour rendre inconsciemment l'autre dépendant de lui ;
- par peur de perdre ;
- pour que ses propres besoins soient devinés sans qu'il ait à les exprimer ;
- parce que, enfant, il a introjecté la croyance qu'il doit se centrer sur les autres et s'oublier lui-même pour éviter de se voir comme une mauvaise personne.

Ces motivations qui poussent l'allocentriste défensif à se centrer sur les besoins des autres démontrent qu'il est au fond un égocentriste qui s'ignore tout comme, dans le système supérieur/inférieur, le supérieur est un inférieur qui s'ignore. En réalité, – et c'est difficile à accepter –dans un couple prisonnier de ce système, les deux personnes sont centrées sur elles-mêmes, mais différemment. Par manque de conscience de ses motivations intérieures et surtout par manque de confiance et d'amour de lui-même, l'allocentriste défensif essaie de s'oublier pour l'autre et ne s'octroie pas le droit de demander ni celui de recevoir. Si vous vous reconnaissez dans ce portrait, ne vous condamnez surtout pas. Cette attitude découle de votre expérience passée. Vous donnez de vous-même à votre détriment pour ne plus souffrir de vos carences affectives. Je connais très bien ce comportement et les motivations intérieures qui sont en cause. En effet, j'ai été longtemps inconsciente des émotions et des besoins qui me poussaient à être l'allocentriste dans mon couple.

L'égocentriste, par contre, n'a tout simplement pas été éduqué à penser aux autres. Il n'est centré que sur ses besoins, soit parce qu'il a été gâté par ses parents, soit pour compenser un manque profond d'amour et d'attention qui l'a fait énormément souffrir quand il était enfant. C'est pourquoi, dans ses relations amoureuses, il tente inconsciemment de combler à tout prix ses besoins affectifs passés non satisfaits en se centrant sur lui puisqu'il a le sentiment, justifié ou non, que personne ne l'a vraiment fait autrefois. Il réagit ainsi pour survivre à la souffrance du manque chronique d'amour de lui-même, à cette souffrance d'un enfant qui n'a pas été vraiment aimé ou n'a pas réellement ressenti l'amour de ses parents. Si vous êtes l'égocentriste dans votre couple, ne vous jugez pas sévèrement. Soyez plutôt compatissant pour l'enfant blessé en vous.

Cette description des causes qui motivent les actions

des conjoints aux prises avec le système égocentriste/allocentriste nous montre que le manque d'amour de soi est en réalité la principale raison de leur conduite. En effet, les deux ne s'aiment pas assez personnellement pour s'occuper directement de leurs besoins en relation. Ils le font indirectement d'une manière défensive, l'un en se centrant sur lui-même pour combler ses manques et l'autre en se dévouant sans compter pour être aimé.

Pour sortir du système « je te donne tout/tu me dois tout », il est fondamental que chacun cherche un équilibre entre l'amour de soi et l'amour de l'autre. Le premier pas à accomplir pour trouver cet équilibre est d'apprendre à vous donner la priorité en relation en prenant soin de vous, comme nous le verrons plus loin. Plus vous avancerez sur le chemin de l'amour de vous-même, ce qui diffère grandement de l'égocentrisme, plus facilement vous témoignerez une attention authentique à votre conjoint sans vous sentir exploité ou redevable. Votre allocentrisme ne sera plus défensif, mais motivé par l'amour. Prendre soin de votre amoureux ne nécessitera de votre part aucun effort. De plus, les égards dont vous l'entourerez vous rempliront le cœur au lieu de l'assécher et vous combleront d'énergie plutôt que de vous épuiser.

**Premier petit secret
pour prendre soin de votre conjoint**

**Si votre relation est prisonnière du système relationnel
égocentriste/allocentriste, reconnaissez-le.**

**Voyez, sans vous juger, lequel
de ces deux comportements défensifs vous caractérise
et identifiez les émotions
et les besoins qui maintiennent votre relation
dans ce système insatisfaisant.**

Cette prise de conscience de votre comportement égocentriste ou allocentriste défensif envers votre conjoint et de ce qui motive cette attitude est le premier pas à franchir pour pouvoir profiter des autres secrets de ce chapitre. Prendre soin de l'être que vous aimez, c'est d'abord connaître vos sentiments profonds à son égard. En étant au clair avec votre vérité intérieure, vous pourrez lui témoigner authentiquement votre amour et agir vis-à-vis de lui avec le plus grand respect qui soit.

Respectez votre amoureux

Le respect se définit comme un sentiment qui nous porte à estimer suffisamment quelqu'un et à lui reconnaître assez de valeur pour lui accorder une considération spéciale et nous conduire avec lui d'une manière particulièrement attentionnée. Il s'exprime par une attitude inconsciente, spontanée et non verbale qui reflète exactement ce que nous éprouvons pour l'autre. L'expression authentique du respect naît d'un sentiment favorable, comme l'amour, l'admiration, la gratitude, la bonté ou la compassion. En fait, le respect est une manifestation de l'état d'amour qui nous constitue tous.

Si, dans une relation amoureuse, l'un des conjoints manifeste un manque chronique de respect, il doit questionner ses sentiments pour l'autre, parce que le couple amour-respect est inséparable. Aucune vie amoureuse réussie n'est possible sans cet ingrédient fondamental. On ne respecte pas son conjoint uniquement par un simple comportement extérieur de déférence, par exemple en lui offrant des cadeaux. Il est essentiel que ce comportement prenne sa source dans le cœur et qu'il soit, au-dehors, une expression du vécu intérieur. Autrement, il est faux, voire dans certains cas, manipulateur.

Je me souviens de la triste histoire vraie d'un couple que j'ai connu il y a de cela plusieurs années. De l'extérieur, Jean et Angela semblaient parfaitement heureux. J'enviais les attentions délicates, soutenues et respectueuses de Jean pour sa conjointe. Rêveuse, je les imaginais comme ces couples médiévaux dans lesquels, par amour, le chevalier se mettait aux pieds de sa belle et déployait tous les efforts possible pour lui plaire et la rendre heureuse. Malheureusement les apparences étaient bien trompeuses et Angela avait bien mal perçu l'homme qui l'avait séduite. Femme remarquée pour sa grande beauté et jalousée pour sa richesse, elle était veuve depuis près de trois ans lorsqu'elle avait rencontré Jean, de douze ans son cadet. D'abord distante devant ses avances, elle avait fini par succomber à son charme. Au cours des années qui avaient suivi, obnubilée par son zèle et parce qu'elle était aveuglément amoureuse, elle lui avait légué une partie importante de sa fortune. Il tenait si bien son personnage de faux chevalier qu'elle ne s'était jamais doutée qu'il ne l'aimait pas et qu'il ne s'intéressait qu'à son argent. Quand il l'avait quittée, elle s'était effondrée.

On ne trouve malheureusement pas ce genre d'histoire uniquement dans les romans. Ce récit montre à quel point le véritable respect de l'autre naît dans la profondeur de nos sentiments et ne s'exprime pas seulement par nos comportements.

> **Deuxième petit secret**
> **pour prendre soin de votre conjoint**
>
> **Respectez votre amoureux.**
> **Assurez-vous que vous lui accordez**
> **assez de considération pour que vos paroles,**
> **vos gestes et vos actions**
> **soient motivés par des sentiments profonds et sincères**
> **d'amour à son égard.**

Ce secret vous révèle en réalité, que respecter votre conjoint, c'est non seulement l'aimer en silence, mais aussi, et surtout, lui manifester ouvertement votre amour.

Manifestez-lui votre amour

Il existe de nombreux moyens de manifester authentiquement votre amour à votre amoureux. En voici quelques-uns :

- soyez attentif à lui dans le quotidien ;

- restez présent dans les moments difficiles ;

- acceptez-le tel qu'il est.

Soyez attentif à lui dans le quotidien

Si, d'une part, vous offrez à votre amoureux pour son anniversaire un voyage au bout du monde, dans un lieu où vous êtes traités comme des rois et où tous vos désirs sont comblés, et que, d'autre part, vous ne lui témoignez pas d'attentions au fil des jours, vous ne prenez pas vraiment soin de lui et vous ne l'aimez pas vraiment. Vous « payez » pour que d'autres le fassent à votre place. Croyez-moi, le respect et la manifestation de l'amour se vivent à travers les gestes simples du quotidien et non seulement deux ou trois fois par année en déployant des moyens grandioses qui vous donnent bonne conscience et vous déculpabilisent. Ce respect et cet amour peuvent s'exprimer par l'un ou l'autre des moyens suivants :

- des petits mots laissés sur le comptoir de la cuisine ou collés sur le miroir de la salle de bain ;
- un coup de téléphone surprise au milieu de la journée sans autre raison que pour lui dire « je t'aime » ;
- des moments pour l'écouter en restant pleinement présent ;
- un service rendu ;
- des délicatesses de toutes sortes qui font plaisir, comme un massage ou la préparation d'un bon repas ou encore une surprise bénéfique ;
- un « merci » exprimé avec le cœur ;
- un mot de reconnaissance pour une attention ou pour un geste délicat à votre égard ou encore pour une qualité et un talent qu'il a développés.

Tous ces moyens concrets, s'ils sont authentiques et gratuits, nourrissent le cœur et sécurisent en profondeur parce qu'ils expriment un amour véritable. Si ces manifestations sont de surcroît accompagnées de présence dans les moments difficiles, les liens se consolident. Paradoxalement, plus les liens sont solides, plus grand est le sentiment de liberté.

Restez présent dans les moments difficiles

J'ai épousé un homme d'une générosité remarquable et dont la mission de vie est, à mon avis, de rendre service aux autres. Comme je l'ai expliqué précédemment, sa disponibilité est à peu près sans limites et il donne de son temps avec un plaisir tel qu'il ne laisse personne avec le sentiment d'être redevable. Malgré ses attentions pour moi et à cause de sa propension naturelle à aider tout le monde, il m'arrivait de douter de son amour. Réaliser la force de son engagement dans les heures de tourmente que nous avons traversées m'a toutefois rassurée. Les problèmes et les obstacles ne l'ont jamais fait fuir ni reculer. Et moi non plus d'ailleurs. Il restait toujours présent et concerné. Je crois que sa preuve ultime d'amour, je l'ai reçue tous les jours par son attitude devant les problèmes de santé que j'ai connus. Toujours de bonne humeur, toujours prêt à m'aider, il ne se montrait jamais impatient. Dans ces moments-là, il dégage une paix et une sérénité exceptionnelles dont l'effet sur son entourage est bénéfique parce qu'elles partent du cœur.

Je pense sincèrement, et c'est un secret de premier ordre, que **respecter son conjoint et prendre soin de lui, c'est lui assurer cette fidèle présence dans les périodes de la vie où la route est escarpée; partager la souffrance comme la joie; continuer à s'investir pour trouver avec lui la sortie des tunnels. Celui qui se limite à rester présent dans les moments agréables n'est ni dans le respect ni dans l'amour. La présence dans les étapes ardues du parcours est la preuve ultime de la profondeur des sentiments et de la solidité de l'engagement.** Ainsi, chaque fois que, par l'attention à l'autre, les conjoints traversent ensemble ces passages inévitables qui vont des ténèbres vers la lumière, ils se rapprochent au niveau du cœur. L'un des passages difficiles que connaissent la plupart des amoureux est d'apprendre à accepter l'être aimé tel qu'il est.

Acceptez-le tel qu'il est

Nous voyons et évaluons le monde extérieur à partir de la personne que nous sommes. Par conséquent, trop souvent et inconsciemment, nous jugeons négativement ceux qui diffèrent de nous. Toutefois, paradoxalement, sur le plan affectif, nous sommes attirés par des gens qui, en plusieurs points, ne nous ressemblent pas. Nous cherchons rationnellement la similitude alors que notre cœur et notre inconscient sont captivés par la différence. Cette réalité crée une sorte de disharmonie entre la tête et le cœur, entre le conscient et l'inconscient. Nous tentons d'atténuer cette disharmonie en essayant de changer ceux qui nous aiment. Pour ce faire, nous nous servons de nous comme modèles.

Cette vérité montre le décalage entre nos bonnes intentions de respecter l'autre tel qu'il est et la manière de réagir à sa différence dans la vie quotidienne quand cette différence nous dérange. Elle témoigne aussi du côté égocentrique de notre personnalité. Sans le vouloir, et même sans en être conscient, nous nous plaçons souvent comme le point de référence sur lequel l'entourage devrait se calquer en ce qui concerne les croyances, les valeurs, les mœurs, les modes de pensée, les limites, les goûts, les expériences de vie, les blessures, les émotions et les besoins. Tant que ce fonctionnement demeure inconscient, notre vie amoureuse peut être sérieusement affectée. **Le respect de l'autre est incompatible avec la non-acceptation de ses différences.** Nous sommes ensemble pour conjuguer nos particularités dans la complicité et non pour les combattre quand elles nous gênent. L'exemple suivant vous en convaincra sans doute.

Quand Mélanie a rencontré Patrick, elle a succombé instantanément à son charme. Il était effectivement remarquable par sa sensibilité et elle n'avait aucun doute à propos de son amour pour elle. Une seule ombre pointait au tableau : Patrick était un travailleur compulsif. Comme il était fidèle, attentif, tendre, créateur et responsable, elle n'a pas hésité à s'engager avec lui, en étant profondément convaincue qu'avec le temps et grâce à son amour pour lui elle arriverait à le changer.

Sociable et d'agréable compagnie, Patrick était presque toujours absent à cause de son travail. Propriétaire d'une entreprise florissante, il réussissait merveilleusement bien tout ce qu'il entreprenait sur le plan des affaires. Trop souvent privée de sa présence, Mélanie a tout fait pour le changer. Elle lui a exprimé ses manques, lui a adressé des reproches, l'a culpabilisé, boudé, critiqué, humilié, menacé. Rien n'y a fait. Elle le comparait très souvent aux conjoints de ses amies et de ses sœurs. Bien qu'il en souffrît beaucoup, cela ne motivait pas Patrick à consacrer moins de temps à son travail.

Mélanie s'est alors trouvée face à un choix difficile : le quitter ou l'accepter tel qu'il était. Comme ils s'aimaient profondément l'un l'autre, qu'elle profitait largement de sa prospérité financière et que les courts moments de présence de Patrick étaient des moments pleins, elle a choisi l'acceptation. Ce choix a transformé leur vie. À partir de ce jour, le temps qu'ils ont passé ensemble avec leurs enfants s'est avéré beaucoup plus agréable. Ils vivaient dans le calme et l'harmonie, ce qui a eu un impact positif sur toute la famille. Patrick n'a pas cessé d'être un travailleur compulsif, mais, petit à petit, il a consacré plus de temps à son couple et à sa famille parce qu'il se sentait accepté. Son sentiment d'acceptation découlait du fait que Mélanie avait décidé de composer avec cette réalité plutôt que de lutter contre elle. Elle aurait pu lui poser une limite et choisir de partir, et cela aurait été légitime aussi, mais elle s'est rendu compte des énormes avantages à rester avec lui par rapport aux inconvénients. C'est pourquoi, par la suite, elle n'a jamais regretté son choix.

Finalement, la première personne qui a changé dans cette histoire, ce n'est pas Patrick, c'est Mélanie. Le choix de cette dernière d'accepter son mari tel qu'il était a modifié son attitude et ses comportements envers lui. Cela a influencé Patrick dans sa relation avec elle. Par ailleurs, il supportait mal la nature particulièrement désordonnée de sa conjointe et le lui reprochait souvent, la comparait lui aussi aux membres de sa famille et à lui-même en se présentant comme un exemple d'ordre et d'organisation, ce qui était vrai. Il n'avait pas remarqué que, contrairement à sa mère et à ses sœurs, sa conjointe était une mère exceptionnelle, une cuisinière remarquable, une femme accueillante et toujours prête à recevoir et à rendre service et qu'elle prenait le temps de profiter de la vie. Elle possédait toutes ces qualités, en plus d'être une amante formidable. Au lieu de mettre l'accent sur le point négatif qui le dérangeait, il a lui aussi choisi d'accepter Mélanie telle qu'elle était, et d'apprécier ses qualités et ses talents plutôt que de se concentrer sur un point faible.

L'être que vous aimez n'est pas parfait. D'ailleurs, ne cherchez pas l'amoureux idéal, il n'existe pas. Si ses imperfections vous dérangent, voyez si vous auriez avantage à le quitter ou s'il ne serait pas préférable que vous l'acceptiez tel qu'il est. Une chose est sûre, il ne ressemble à personne, surtout pas à vous-même. Il est unique. Vous gagnerez donc à ne pas exiger de lui qu'il devienne différent de ce qu'il est. Vous risqueriez de le transformer en personnage, ce qui tuerait votre amour pour lui. Nous n'aimons les personnages qu'au cinéma et au théâtre, pas dans la vraie vie.

**Troisième petit secret
pour prendre soin de votre conjoint**

À moins que vous ne vous sentiez ni aimé ni respecté par lui,
acceptez votre conjoint tel qu'il est avec ses qualités,
ses défauts, ses limites et sa différence.

Libérez-vous de l'attente illusoire de l'amoureux parfait.

Changez votre attitude plutôt que d'essayer de le changer.

Manifestez-lui votre amour
par des petites actions quotidiennes
et surtout ne remettez pas votre relation en question
chaque fois que vous rencontrez des obstacles.

Restez présent,
vous en serez à long terme tellement plus heureux.

L'acceptation de l'être que vous aimez tel qu'il est procure de nombreux avantages dont celui de faciliter grandement l'application de mon prochain petit secret.

Dites du bien de votre amoureux ou abstenez-vous d'en parler

Ce petit secret est tellement important pour prendre soin de l'autre qu'à lui seul il peut assurer une grande partie de l'harmonie d'un couple. En effet, il constitue l'un des meilleurs moyens de cultiver les sentiments de confiance et de sécurité chez l'être aimé. Sachant que la solidité de la relation amoureuse repose principalement sur ces sentiments, il est important d'appliquer ce secret dès maintenant dans votre vie à deux.

Quand vous parlez de votre amoureux à quelqu'un, dites toujours du bien de lui ou ne dites rien. Autrement dit, en son absence et même en sa présence, ne parlez jamais en mal de votre conjoint et développez assez d'amour de vous-même pour ne pas accepter également un tel comportement de sa part. Si vous traversez une période difficile et que vous êtes envahi par des sentiments de colère, de peine ou de rancœur, parlez-en avec lui ou, si vous avez besoin d'aide, adressez-vous à une personne – ami, parent ou thérapeute – qui sera en mesure de vous écouter sans prendre parti pour vous ni pour lui.

Que se passe-t-il si vous le critiquez ?

Si, par exemple, chaque fois que vous vivez des malaises ou des insatisfactions par rapport à votre conjoint, vous vous plaignez de lui à votre mère, celle-ci prendra très probablement parti pour vous et son comportement avec votre conjoint ne sera pas très chaleureux. Par conséquent, il ne se sentira pas aimé de sa belle-mère, n'aura plus envie de participer aux rencontres familiales et vous aurez une raison de plus de vous plaindre de lui. En fait, si vous parlez négativement de votre amoureux à une personne qui prend parti pour vous, cela renforce les pensées et les sentiments négatifs à son égard et vous en éloigne, plutôt que de vous aider à voir la réalité en face, à vous réconcilier et à vous rapprocher.

Ce secret ne devrait pas s'appliquer uniquement à la relation amoureuse, mais à toutes les relations que vous entretenez avec ceux que vous aimez : vos parents, vos frères et sœurs, vos amis, vos collègues de travail. Si chacun d'entre nous réglait ses difficultés relationnelles directement avec les personnes concernées, la paix et l'harmonie règneraient davantage dans nos vies et dans le monde.

Soyez honnête. Que ressentez-vous quand vous entendez une personne médire des autres ? En ce qui me concerne, les critiques que j'entends ne changent absolument rien à mon rapport avec la personne critiquée. Je reste fidèle à « mon » expérience personnelle avec cette personne et ne me laisse aucunement influencer par l'expérience des autres qui est bien différente de la mienne à cause de ma vie relationnelle passée et de mes blessures. Par contre, un doute s'éveille en moi par rapport à quelqu'un qui dénigre ses semblables en ma présence. Ce doute naît d'une peur d'être trahie par cette personne. En effet, si un jour celle-ci vit un malaise quelconque par rapport à moi, rien ne m'assure qu'elle ne parlera pas négativement de moi à son entourage plutôt que de m'exprimer directement son vécu. Je suis alors habitée par une insécurité qui altère ma confiance. **Sans la confiance en l'autre, une relation affective est toujours éprouvante et difficile à vivre.**

**Quatrième petit secret
pour prendre soin de votre amoureux**

Quand vous parlez de votre conjoint à qui que ce soit, dites du bien de lui.

Ne le critiquez jamais.

En cas de difficulté relationnelle, si vous avez besoin d'être écouté ou d'être aidé, confiez-vous à une personne capable de vous entendre avec empathie sans prendre parti ni pour vous ni pour lui.

C'est ce quatrième secret qui termine le chapitre sur le thème de l'amour authentique de l'autre dans la relation de couple. Cependant, comme je l'ai déjà mentionné précédemment, il est absolument impossible de prendre soin de l'autre et d'être motivé par un amour véritable s'il manque à la base une forte dose d'amour de soi. Pour traiter ce sujet fondamental, le prochain chapitre répondra à la question suivante : comment prendre soin de vous sans être égoïste dans votre relation amoureuse ?

Troisième chapitre

Prenez soin de vous

Le troisième secret d'une relation affective réussie réside dans le fait que, pour être heureux en amour, il est essentiel de prendre soin de soi à chaque instant. Ce secret mérite que je lui accorde une place privilégiée dans ce guide parce que, généralement, il est de loin le plus négligé dans la plupart des relations amoureuses. En effet, **le manque d'amour de soi est, sans contredit, la plus importante cause de malaises, de frustrations, d'insatisfactions, de réactions défensives et, conséquemment, de conflits et de séparations dans les relations de couple.**

Puisque la religion considère l'égoïsme comme un péché et que, dans le langage du Nouvel-Âge, l'ego a très mauvaise réputation, il s'avère très difficile pour de nombreuses personnes de prendre soin d'elles sans se sentir fautives dans leurs relations de couple. Ces personnes adoptent, pour se défendre contre leur sentiment de culpabilité, un comportement apparemment altruiste plutôt que de chercher à identifier leurs besoins et à s'en occuper.

Quand l'un de mes principaux éducateurs me répétait, lorsque j'étais enfant, que j'étais une « grande égoïste », j'éprouvais tellement de honte, je me sentais si mauvaise que j'ai passé une partie de ma vie à être attentive aux autres. J'en suis arrivée au point d'ignorer totalement que j'avais moi aussi des besoins fondamentaux à satisfaire si je voulais assurer ma santé psychique.

Pour avoir entendu de nombreux témoignages en ce sens, je sais que cet exemple personnel rejoint l'expérience d'un nombre incalculable de personnes et que, probablement, il rejoint la vôtre. Comme moi, **pour éviter de vous sentir égoïste ou vous faire accuser d'être trop «dans votre ego» ou encore tout simplement parce que votre tendance à vous oublier pour les autres est devenue habituelle, vous avez sûrement, dans plusieurs situations, agi ou réagi dans le manque de respect de vous-même.**

Les conséquences néfastes de cette carence d'amour de soi sur vos relations affectives sont énormes. Elles sont d'autant plus grandes qu'elles demeurent, dans la plupart des cas, non conscientisées. En effet, puisqu'il vous est extrêmement difficile comme être humain de survivre sans la satisfaction de vos besoins essentiels, vous tenterez de les combler par des moyens défensifs, lesquels auront pour résultat de vous nuire considérablement et d'envenimer votre relation de couple. Comment compenserez-vous ces manques vitaux? Par exemple, pour satisfaire vos besoins d'être aimé et reconnu, il vous arrivera sûrement de nourrir des attentes par rapport à votre amoureux, de le juger, de le critiquer, de le blâmer, de le manipuler, de le culpabiliser et même d'essayer de le changer.

Vous reconnaissez-vous dans ce fonctionnement? Répondre honnêtement à cette question n'a pas été facile pour moi. Mais, croyez-moi, si vous voulez créer une relation amoureuse réussie, le premier pas à franchir est d'admettre la réalité en restant bien conscient toutefois qu'il est tout à fait normal de se défendre quand nous sommes touchés au cœur de nos blessures d'enfants. En fait, **le véritable problème n'est pas d'adopter des comportements défensifs en relation, mais le fait de les entretenir par inconscience et surtout le fait de confondre l'amour de soi avec l'égoïsme**.

C'est notamment cette confusion qui peut expliquer la manière détournée que la majorité d'entre nous adoptons pour satisfaire nos besoins fondamentaux par la défensive. Pour clarifier cet imbroglio, voyons ce qui distingue une personne égoïste d'une autre qui prend soin d'elle en relation.

Distinguez l'égoïsme de l'amour de soi

Le mot « égoïsme » a un sens péjoratif dans le langage populaire, et pour cause. Un égoïste est quelqu'un qui est trop centré sur lui-même, qui ne tient pas compte des autres, qui utilise le monde extérieur et les personnes de son entourage pour servir ses propres intérêts. Dans le mot « égoïsme », il y a le préfixe « ego », aussi mal perçu parce que, pour la plupart des gens, les termes « ego » et « égoïsme » sont pratiquement des synonymes.

Pourtant, si vous vous arrêtez au sens étymologique du terme « ego », vous verrez que son origine latine signifie « je ». Au sens spirituel, le « je », c'est l'âme, le SOI. Au sens psychologique, l'ego c'est le MOI. Lors des conflits intérieurs, cette instance psychique, selon Freud, sert de médiateur entre le monde extérieur et le ÇA, – c'est-à-dire les pulsions –, et le SURMOI, qui représente l'introjection des interdits issus de l'éducation. Ces éléments ainsi perçus, nous pouvons affirmer que, lorsqu'une personne a un ego faible, elle se laisse dominer soit par ses pulsions sexuelles ou conflictuelles, soit par l'intériorisation des interdictions parentales, soit par les autres et les événements. Vu de cette manière, vous avez avantage à avoir un ego fort, sans quoi vous dépendez de vos pulsions, de votre passé ou du monde extérieur. Dans un tel cas, vous perdez votre liberté d'être vous-même, ce qui produit nécessairement des effets négatifs sur votre relation amoureuse.

Cette conception de l'ego ne contredit en rien celle de certains auteurs contemporains qui le présentent autrement tout simplement parce qu'ils lui donnent un sens complémentaire à celui que je lui attribue ici. Pour quelques-uns de ces auteurs, dont Eckart Tolle, l'ego résulte d'un mental hypertrophié alors que pour d'autres maîtres spirituels, comme Arnaud Desjardins et Paul Ferrini, il naît d'une scission entre la personnalité et l'âme, ce qui, dans les deux cas, est très juste à mon avis. Toutefois, cela ne signifie pas que vous devez lutter contre votre mental, votre personnalité, vos pulsions, votre SURMOI et les autres pour trouver votre liberté et pour réussir votre relation de couple.

**Lutter contre quelque chose ou quelqu'un,
c'est lui donner une importance telle
qu'il devient invincible à vos yeux.**

Quel est donc le secret de développement d'un ego assez fort pour vous permettre de maîtriser le ÇA, le SURMOI et le monde extérieur sans tomber dans l'orgueil, la supériorité et l'égoïsme ?

La seule façon d'équilibrer, sans combat, votre MOI pour qu'il agisse d'une manière positive et créatrice, consiste à développer l'amour de vous-même. Cela n'a absolument rien à voir avec l'égoïsme défini plus haut. En effet,

vous aimer,
ce n'est pas manquer d'attention,
de considération, de compassion envers les autres,
c'est tout simplement prendre soin de vous d'abord,
pour mieux prendre soin des autres ensuite.
Prendre soin de vous,
c'est identifier et accepter vos besoins
physiques, affectifs, intellectuels et spirituels
et, surtout, vous engager consciencieusement
à vous en occuper en priorité
dans toutes vos relations affectives
et particulièrement
dans votre relation amoureuse.

Ainsi, en travaillant à vous aimer davantage, au lieu de dépenser vos énergies à vous affaiblir en luttant contre vous-même et en vous centrant défensivement sur les autres, vous contacterez et intensifierez les forces et les ressources qui vous construisent. Vous agirez « pour » vous et non « contre » vous ni « contre » les personnes que vous aimez.

Si j'insiste tant sur l'importance de prendre soin de soi dans le contexte de la relation amoureuse, ce n'est pas parce que je suis tombée dans la potion magique de « l'amour de soi » quand j'étais petite. Bien au contraire. J'ai dû travailler à l'acquérir et j'y travaille encore. Mes blessures de culpabilisation, d'humiliation et de dévalorisation me rendaient tellement honteuse que j'éprouvais de la difficulté à exister autrement qu'en m'occupant défensivement des besoins des autres.

Adolescente, j'avançais dans la vie avec un trou dans le cœur. J'en souffrais d'autant plus que je demeurais impuissante à le combler. Je n'ai appris à m'aimer que petit à petit, en découvrant la force créatrice contenue dans ma sensibilité, en apprivoisant mes blessures et en contactant mes ressources. Celles-ci m'ont permis de composer avec ma souffrance. La découverte et le contact avec la source d'amour qui me constitue et nous constitue tous m'ont ouverte à l'acceptation progressive de mes blessures, de mes limites et de mes faiblesses. Sans cette acceptation, mon objectif d'amour de moi serait demeuré inatteignable.

Ma relation de couple m'a aussi énormément aidée à cheminer vers l'amour de moi. En réactivant des systèmes relationnels du passé, elle a réveillé en moi des souffrances tellement intenses que j'avais peine à les contenir. J'ai alors choisi d'entreprendre une thérapie. Avec le temps, j'ai non seulement appris à me connaître, à me reconnaître et à me respecter, mais aussi, ce qui n'est pas banal, à vivre en couple. J'aurais pu quitter mon conjoint et m'engager dans une nouvelle relation. Toutefois je savais que je risquais fort d'être déclenchée dans les mêmes blessures avec une autre personne.

Quand je regarde aujourd'hui mon cheminement, je me rends compte que l'amour de soi résulte d'un investissement soutenu. Vous aussi pouvez y accéder dans votre relation amoureuse si vous considérez cette relation comme une occasion de travailler sur vous-même, de vous connaître et de vous libérer des refoulements du passé. Si, par contre, vous accumulez ces refoulements, la relation vous détruira et vous en sortirez avec une estime de vous-même plus ou moins affaiblie. **Paradoxalement, plus vous prendrez soin de vous, plus grandes seront les chances de réussir votre relation de couple.** Mais, alors, comment précisément et concrètement l'amour de soi se manifeste-t-il dans la vie amoureuse et en quoi contribue-t-il à la rendre plus saine, plus satisfaisante et plus heureuse ? Mes « petits secrets », pour répondre à cette question, vous seront utiles si vous acceptez de les mettre progressivement en pratique à partir de maintenant. Les voici :

1. Observez-vous au lieu d'observer votre conjoint.
2. Respectez-vous.
3. Consacrez-vous du temps tous les jours.
4. Prenez conscience de votre valeur.
5. Restez vous-même.
6. Refusez d'être défini par votre conjoint.
7. Ne vous laissez pas interpréter.
8. Affranchissez-vous de ses attentes.
9. Ne vous trahissez jamais.
10. Intégrez la dimension spirituelle à votre vie.
11. Choisissez vos relations.
12. Affirmez-vous en posant des limites claires.
13. Affirmez-vous en ne vous laissant plus envahir.
14. Affirmez-vous en exprimant clairement vos besoins.
15. Libérez-vous de la dépendance.

Par la lecture de mes petits secrets, vous découvrirez probablement en quoi vous manquez d'amour de vous-même dans votre relation amoureuse. De plus, vous comprendrez pourquoi, pour réussir cette relation, il est essentiel que vous développiez cet amour par un investissement quotidien dans la connaissance, l'acceptation et la satisfaction de vos besoins. Reprenez donc le pouvoir sur votre vie en explorant maintenant tous ces « secrets » qui vous encourageront à prendre soin de vous en couple et pour vous aimer davantage.

1. Observez-vous au lieu d'observer votre conjoint

L'une des plus grandes causes de conflits dans un couple réside dans le fait que, lorsqu'un problème relationnel se présente, chacun des conjoints pointe du doigt les erreurs de l'autre, l'accuse et l'accable de reproches plutôt que de s'observer lui-même. Bien que cette attitude inconsciente de victime soit fréquente et normale quand les amoureux sont blessés, il n'en reste pas moins que, si elle persiste, elle risque souvent de prolonger leurs conflits et de les confronter indéfiniment à la souffrance de l'impuissance et du sentiment d'incompréhension.

Je ne crois pas qu'il existe une forme de pouvoir sur les autres plus subtile et plus efficace que celui que procure le mécanisme de défense de la victimisation. Ceux qui en sont atteints – et nous le sommes tous à différents degrés – reportent constamment sur leur entourage la responsabilité de leurs malaises, de leurs échecs, de leurs problèmes, de leurs difficultés relationnelles, de leurs blessures. Cette tendance spontanée – parce que défensive – à attribuer la cause de leurs déceptions, de leurs frustrations, de leurs insatisfactions et de toutes leurs souffrances au monde extérieur, rend les victimes totalement impuissantes à résoudre leurs problèmes. À cause de leur irresponsabilité, elles n'ont aucun pouvoir sur leur vie. Cependant et paradoxalement elles exercent sur la vie des autres un pouvoir et une puissance tellement grande qu'il m'est difficile de trouver le mot juste pour la qualifier. Leurs plaintes, leurs perpétuels reproches, leur recherche d'appuis contre ceux qui les ont blessés ont pour effet de susciter des sentiments de culpabilité et de honte qui provoquent la défensive chez l'être aimé.

Vivre en couple avec une victime a pour effet de cultiver

chez le conjoint responsabilisé le sentiment d'être une mauvaise personne et d'être toujours inadéquat quoiqu'il dise ou quoiqu'il fasse. Il est même impossible d'entretenir une relation amoureuse satisfaisante avec une « victime chronique » parce que la personne aux prises avec ce comportement défensif éveille la pitié, la colère, le mépris, mais rarement l'amour vrai de la part de son conjoint. C'est pourquoi elle s'attire un partenaire sauveur et paternaliste qui la prendra en charge ou un bourreau qui, par impuissance, réagira à la responsabilisation par la violence verbale ou physique ou encore un déserteur qui se défendra contre sa propre culpabilité et son sentiment d'impuissance par la fuite ou par la fermeture.

Un couple résiste rarement longtemps à la victimisation et, s'il résiste, il n'est pas heureux. Si, dans votre relation avec votre conjoint vous vous défendez en le mettant responsable de vos malaises quels qu'ils soient, prenez-en conscience dès maintenant et apprenez à chercher votre part de responsabilité dans la situation qui vous affecte. Au lieu de vous plaindre d'un amoureux qui vous fuit ou vous violente, observez-vous et voyez si vous ne l'avez pas mis responsable de vos vécus désagréables en lui faisant des reproches, en le critiquant et en le culpabilisant.

Si vous voulez régler vos conflits rapidement et, surtout, éviter leur répétition, chaque fois à cause des mêmes déclencheurs, déplacez votre regard et observez, sans vous juger, vos propres paroles et vos propres comportements dans les situations qui vous opposent à votre amoureux au lieu d'observer les siens et de les lui reprocher. Cette autoobservation vous permettra de découvrir que, fréquemment, vous imposez à la personne que vous aimez exactement ce que vous lui reprochez et que, sans le vouloir, vous projetez souvent sur elle vos propres émotions, vos propres comportements, vos propres faiblesses et vos propres défauts. Vous observer, en l'occurrence, est l'un des meilleurs moyens de vous connaître, de vous accepter tel que vous êtes et, surtout, de prendre du pouvoir sur votre vie plutôt que d'en prendre sur celle de votre amoureux par vos défensives non conscientisées.

Vous ne pouvez imaginer à quel point cette nouvelle façon d'aborder vos difficultés relationnelles, ce premier petit secret pour prendre soin de vous, vous aidera à dénouer vos systèmes insatisfaisants et à dissiper les blocages qui vous empêchent de trouver la paix avec vous-même et avec l'être aimé.

À propos de cette observation, plusieurs conjoints m'ont partagé la réflexion suivante : ils ignoraient quoi observer d'eux-mêmes au juste dans ces moments-là et encore moins quoi dire à l'autre pour éviter d'envenimer la situation.

En fait, dans les moments difficiles de votre vie à deux où, confrontés à l'impuissance, vous responsabilisez votre amoureux de vos problèmes de couple, je vous encourage à faire un effort pour observer :

• vos réactions de défense ;

• vos blessures ;

• vos besoins.

Ayant déjà approfondi le thème des blessures dans « *La guérison intérieure par l'acceptation et le lâcher-prise*[5] » et les deux

---

5 PORTELANCE Colette 1943-. *La guérison intérieure par l'acceptation et le lâcher-prise.* Montréal, Les Éditions du CRAM, 2008, pages 81 à 181.

autres thèmes dans *Relation d'aide et amour de soi*[6], je ne décrirai pas en détail dans ce guide chacun de ces éléments. Je résumerai cependant chacun d'eux et l'adapterai au contenu de ce guide. Ce résumé renferme assez d'informations pour que vous ayez en main les outils nécessaires à la poursuite de la démarche d'autoobservation que je vous propose ici, et ce, sans recourir à mes autres ouvrages. Cependant, si comme moi, vous êtes curieux et voulez pénétrer plus avant dans la connaissance de vous-même, n'hésitez pas à les consulter. Si, par contre, vous avez déjà lu ces ouvrages et que vous craignez que le retour sur ces thèmes vous apparaisse redondant, rappelez-vous que la répétition dans un nouveau contexte a plutôt pour avantage de favoriser l'intégration.

Donc, le meilleur moyen de canaliser votre observation de vous-même consiste à vous centrer d'abord sur vos mécanismes de défense. Cela vous ouvrira la porte sur ce qui les entretient, soit vos blessures d'enfant et vos besoins affectifs non satisfaits.

Observez vos réactions défensives

Vos mécanismes de défense sont des moyens inconscients utilisés par votre psychisme pour vous empêcher de souffrir quand vous êtes blessés dans l'une ou l'autre de vos relations affectives et particulièrement dans votre relation amoureuse. Ainsi, quand vous êtes déclenché douloureusement dans vos émotions, vous vous défendez spontanément par des moyens comme l'accusation, le rejet, la culpabilisation. Si vous croyez que ces réactions de défense

---

6   PORTELANCE Colette 1943-. *Relation d'aide et amour de soi.* Montréal, Les Éditions du CRAM, 2008, pages 110 à 157 et 191 à 127.

vous protègent contre votre conjoint, vous faites une grave erreur. En réalité, ils vous protègent contre vous-même, c'est-à-dire contre vos propres émotions. En effet, ce sont elles qui réveillent en vous une sensation de souffrance dans les situations de conflits et qui vous poussent à vous défendre. Votre amoureux n'est que le déclencheur de cette souffrance déjà présente qui ressurgit en vous. Cela ne signifie pas qu'il n'a aucune responsabilité dans vos conflits, mais il lui appartient de s'occuper de sa part de responsabilité. Votre travail personnel consiste à vous occuper de la vôtre, ce qui est déjà beaucoup et ce qui donne de bien meilleurs résultats.

Vous ne choisissez jamais consciemment vos mécanismes défensifs. Ceux-ci interviennent naturellement dans votre psychisme pour vous empêcher de souffrir quand vos blessures sont réveillées par votre amoureux. Grâce à ces mécanismes, vous avez assuré votre survie psychique lorsque vous étiez enfant. Il est donc normal qu'ils se réactivent instinctivement chaque fois que vous souffrez.

Comme leur intervention est inconsciente, vous ne pouvez les observer ni les identifier que lorsqu'ils se sont déjà manifestés. Autrement dit, vous pouvez prendre conscience que vous jugez votre conjoint, verbalement ou mentalement, une fois que vous avez déjà porté un jugement sur lui. Quand vous êtes blessé, vous n'avez donc pas le pouvoir de vous empêcher de juger dans l'ici et maintenant. Par contre, vous possédez celui d'observer vos jugements une fois qu'ils se sont produits et, par conséquent, de vous occuper des blessures qui les suscitent.

Cette écoute répétée de vos propres comportements défensifs vous permettra d'en prendre conscience de plus en plus rapidement. Sans cette prise de conscience, vous ne personnaliserez jamais vos savoirs. Autrement dit, vous ne connaîtrez jamais vos manières personnelles de vous défendre et vous ne découvrirez jamais votre monde intérieur non plus. Dans votre relation de couple, vos émotions vous mèneront. Vous agirez donc d'une façon automatique et vous perdrez tout pouvoir de changer quoi que ce soit. Vous serez fréquemment sur la défensive et cela entraînera également des réactions de défense chez l'être aimé. Vous vous blesserez alors mutuellement, ce qui provoquera les conflits que vous voulez pourtant éviter. Pour un temps plus ou moins long, ces désaccords vous rendront incapable d'aimer cet être que vous aimiez tant quelques minutes plus tôt. Pire, tant et aussi longtemps que vous n'en prendrez pas conscience au moyen de l'autoobservation, vous répéterez ces fonctionnements de victime régulièrement et vous vous sentirez totalement impuissant à les transformer pour vous libérer des souffrances qu'ils vous causeront.

Or, pour observer vos réactions de défense, vous devrez savoir par quels moyens vous vous défendez quand vous vivez des émotions désagréables par rapport à votre conjoint. Si vous êtes familier avec le sujet des défensives, ne vous placez pas au-dessus. Rappelez-vous que le savoir sur l'être humain à lui seul ne sert à rien s'il n'est pas appliqué à vous et intégré à l'ici et maintenant de votre vie affective. Dans le domaine de la vie de couple, nous ne « savons » pas une fois pour toutes. C'est notamment la pratique quotidienne de l'autoobservation qui favorise les transformations. Donc, descendez vos savoirs au niveau du cœur. C'est la seule manière de les rendre applicables.

Pour vous aider à mieux vous connaître en ce sens et à percer certains secrets qui vous concernent par l'autoobservation, je vous propose d'effectuer l'exercice suivant.

Exercice d'identification de vos défensives

1. Pensez à une difficulté importante ou mineure que vous traversez dans votre relation de couple en ce moment et qui vous fait souffrir.

2. Quelle est cette difficulté ? Il peut s'agir aussi bien d'une infidélité que d'un oubli de la part de votre amoureux de vous embrasser avant de partir au travail le matin.

3. Quelles sont vos réactions défensives avec votre amoureux dans cette situation précise ? Identifiez-les honnêtement et soulignez-les dans la liste suivante :

- vous refoulez vos émotions ;
- vous vous retirez de la discussion ;
- vous fuyez ;
- vous évitez d'en parler ;
- vous rationalisez votre vécu ;
- vous banalisez votre souffrance ;
- vous dramatisez votre souffrance et la sienne ;
- vous généralisez ses défauts et ses erreurs ;
- vous positivez à tout prix ;
- vous vous perdez en explications ;
- vous vous justifiez ;
- vous argumentez ;
- vous lui faites la morale ;
- vous le contrôlez ;
- vous réprimez ses émotions ;
- vous réprimez son droit à la différence ;
- vous le dominez ;
- vous l'envahissez ;

- *vous parlez sans l'écouter ;*
- *vous le manipulez ;*
- *vous le violentez verbalement ;*
- *vous l'humiliez ;*
- *vous vous moquez de lui ;*
- *vous le dévalorisez ;*
- *vous complotez contre lui ;*
- *vous le dénigrez ;*
- *vous vous dénigrez ;*
- *vous niez vos erreurs ;*
- *vous mentez ;*
- *vous vous vantez ;*
- *vous vous comparez en vous supériorisant ;*
- *vous vous comparez en vous infériorisant ;*
- *vous le culpabilisez ;*
- *vous le jugez ;*
- *vous le critiquez de manière destructive ;*
- *vous le punissez pour vous venger ;*
- *vous projetez sur lui vos propres fonctionnements ;*
- *vous adoptez un personnage ;*
- *vous l'excluez ;*
- *vous le rejetez ;*
- *vous l'abandonnez ;*
- *vous vous taisez complètement ;*
- *vous boudez ;*
- *vous vous apitoyez sur votre sort ;*
- *vous vous plaignez ;*
- *vous le blâmez ;*
- *vous l'accablez de reproches ;*

- *vous l'accusez ;*
- *vous endurez et vous vous résignez ;*
- *vous prenez en charge ses malaises ;*
- *vous vous placez en modèle de perfection ;*
- *vous l'idéalisez ;*
- *vous lâchez un rire qui sonne faux ;*
- *vous êtes sarcastique ;*

4. *Reprenez cet exercice chaque fois que vous affrontez un pro-blème dans votre couple ou tous les jours tant que le même pro-blème persiste. Le but est de repérer le plus rapidement possible les réactions défensives que vous répétez quand vous ressentez des émotions souffrantes.*

L'objectif de l'exercice n'est pas que vous vous jugiez ni que vous vous adressiez des reproches. Le but est plutôt de vous encourager à prendre le temps de vous occuper de vous, de vous aimer tel que vous êtes pour devenir plus heureux dans votre relation amoureuse. **Je vous rappelle qu'il est tout à fait naturel de vous défendre quand vous êtes blessé. Ce ne sont pas vos mécanismes de défense qui vous font souffrir, mais plutôt la perte de pouvoir sur votre vie par manque de conscience de vos réactions dé-fensives et de vos émotions.** Grâce aux connaissances gé-nérales que vous retirerez de la lecture de cet ouvrage et grâce à la personnalisation de vos savoirs par l'autoobserva-tion, vous en arriverez petit à petit à vous servir de vos mé-canismes défensifs comme de portes d'entrée sur ce qui les déclenche : vos blessures.

Observez vos blessures

Les blessures sont des lésions psychiques, c'est-à-dire des modifications d'une partie de la structure normale du psychisme. Elles ont été causées, dans le passé, par des traumatismes ou des chocs émotionnels tellement forts que l'intensité de la souffrance provoquée en vous a été intolérable. À ce moment-là, vous avez adopté inconsciemment des mécanismes de défense pour éviter de vous laisser engloutir par cette souffrance. C'est pourquoi aujourd'hui, quand votre conjoint déclenche en vous la réminiscence de ces blessures engendrées autrefois, vous réagissez probablement de manière instinctive par les mêmes défensives pour atténuer votre douleur. Le seul fait de conscientiser ce fonctionnement peut suffire à vous rendre plus tolérant et plus compatissant envers vous-même et envers l'être aimé. Ainsi, quand vous êtes blessé par votre conjoint, plus votre douleur est profonde, plus votre réaction défensive est aiguë, au point que vous en perdez, pour un temps indéterminé, votre capacité de discernement et même votre capacité d'aimer.

Malheureusement, les blessures ne guérissent pas facilement parce que la plupart des émotions vécues ont été réprimées et refoulées dès le moment où elles ont été déclenchées. Ces émotions refoulées sont réveillées dans le présent chaque fois que votre conjoint dit ou fait quelque chose qui rappelle à votre mémoire inconsciente la souffrance du déclencheur premier. Dans ce cas, vous vous sentez menacé et vous réagissez tellement fortement que votre réaction est jugée exagérée par la personne qui vous a déclenché et même par vous-même. Si cette personne, en l'occurrence votre conjoint, n'est pas consciente de ses propres blessures, elle se défendra avec autant d'intensité que vous. Par conséquent, l'un et l'autre, vous infecterez vos lésions intérieures plutôt que de les guérir. Vous agirez de cette manière chaque fois que vous n'exprimerez pas vos émotions refoulées lorsque vous êtes blessé.

Une précision s'impose ici. Exprimer vos émotions ne veut surtout pas dire vous y complaire. Le propre de l'émotion est de vous inciter à l'action, de vous aider à progresser, d'encourager le changement. Si vous vous y vautrez, vous reculerez au lieu d'avancer. Vous vous affaiblirez intérieurement au lieu de vous renforcer. Le refoulement et le déversement excessifs vous nuiront et affecteront indéniablement votre relation de couple. La réalité est que vous ne pouvez nier vos émotions sans vous causer du tort et sans causer des dommages à votre relation amoureuse. Il importe donc que vous les accueilliez et que vous les identifiiez sans complaisance pour connaître leur message et avancer grâce à elles. Celles-ci contribueront alors à vous libérer de vos blessures plutôt qu'à les amplifier.

Pour m'assurer d'être bien comprise et pour ne pas répéter ce que j'ai écrit à ce propos dans *La guérison intérieure par l'acceptation et le lâcher-prise*[7], je résumerai les caractéristiques de chacune des blessures au moyen d'exemples significatifs qui, je le souhaite, vous permettront de reconnaître les vôtres.

Luc est affecté d'une blessure causée **par la dévalorisation et la non-valorisation**. *Comme les personnes marquées par cette lésion, il a constamment le sentiment de ne pas être important pour les autres. Il prend sa valeur dans l'estime que lui porte le monde extérieur. Il suffit d'un retard ; d'un oubli ; d'un silence ; d'un manque de reconnaissance, d'écoute ou d'attention pour qu'il soit envahi par une intensité*

---

7   PORTELANCE, Colette. 1943-. *La guérison intérieure par l'acceptation et le lâcher-prise.* Montréal : Éditions du CRAM, 2008, 305 pages.

émotionnelle insupportable. Chaque fois qu'il ressent ce sentiment intense, Luc se défend par la fermeture et le rejet. Il ignore ses déclencheurs parce qu'il se sent lui-même ignoré.

Céline, pour sa part, a été maintes fois humiliée par son père. Comme toutes les personnes blessées par **l'humiliation***, elle est convaincue qu'elle est une mauvaise personne. Elle a honte de ses émotions, de ses désirs et de ses besoins ; elle se cache donc derrière ses réalisations et sa réussite professionnelle. Dans sa vie relationnelle, elle craint toujours d'être rabaissée ou ridiculisée. C'est pourquoi elle éprouve beaucoup de difficulté à s'affirmer. Pour éviter de dévoiler son monde intérieur, elle se défend par le refoulement, le silence, l'isolement et l'autosabotage.*

Quant à Patrick, c'est la blessure causée par **la culpabilisation** *qui le fait souffrir. Il se sent constamment fautif et craint toujours de déplaire. Il prend même la responsabilité des malaises et des besoins des personnes de son entourage. Aussi, il ne veut surtout pas déranger ni provoquer d'émotions désagréables chez les autres parce que, lorsque cela se produit, il se sent coupable. Donc, pour fuir ce sentiment intolérable, il prend les autres en charge et il adopte le personnage du « gentil monsieur ». Il nie ses besoins pour se centrer sur ceux de ses proches et pour éviter de souffrir de culpabilité si ceux-ci manifestent le moindre malaise ou la moindre insatisfaction.*

Que dire de Mathieu, qui a été profondément blessé par **la comparaison** *? Cette blessure a créé en lui un sentiment aigu d'infériorité. À la suite de ses expériences éducatives douloureuses, il a introjecté la conviction que, pour être aimé, il devait être meilleur que les autres en tout point. Il se compare donc constamment, à la hausse ou à la baisse. Quand il s'inférioriise, il s'isole, se retire et n'entreprend rien parce qu'il ne se fait pas confiance et qu'il est sûr que, de toute façon, il sera perdant. Quand il se « supériorise » par contre, il se vante et se place en position de rivalité ou de compétition. Il faut qu'il soit le premier partout sans quoi sa souffrance, issue d'une peur viscérale d'être dénué de valeur aux yeux des autres s'il ne se distingue pas, devient intolérable.*

Parlons maintenant de Jean-François qui a grandi avec une mère dominatrice et « contrôlante ». Sa blessure causée par **le pouvoir** *est particulièrement profonde. Quand une personne de son entourage le contrôle ou tente de prendre du pouvoir sur lui par l'autoritarisme, la manipulation, la tentative de le changer ou l'envahissement, il se défend par la violence verbale, le dénigrement, le mépris ou les insultes. Il est inconscient de la forme de pouvoir que revêt sa réaction.*

Serge, de son côté, souffre d'une blessure causée par **la trahison**. *Comme il doute constamment de ses perceptions, il passe sans cesse de la naïveté à la méfiance dans ses relations affectives. Il craint d'être trahi par des complots contre lui, comme dans le passé. Il a aussi peur de la critique « dans le dos » ; peur que ses confidences soient révélées, que les promesses qu'on lui a faites ne soient pas tenues. Il n'est malheureusement pas conscient qu'il se trahit lui-même chaque fois qu'il ne se fie pas à son ressenti et à son intuition et qu'il ne s'affirme pas dans le malaise. Il est donc aux prises avec le ressentiment et se défend par la « victimite », l'isolement, la projection, l'interprétation, le contrôle et le reproche.*

Charlotte, quant à elle, a été abandonnée par son père, rejetée par ses grands-parents et exclue de la famille par ses frères. Sa souffrance **d'abandon** *est tellement insupportable qu'elle est incapable de s'engager dans une relation amoureuse. Quand elle rencontre un homme qui lui plaît, elle garde son cœur fermé et reste distante ou alors elle s'accroche à lui et l'envahit par peur de le perdre. Elle finit toujours par abandonner la relation la première pour ne pas risquer d'être délaissée comme elle l'a été lorsqu'elle était enfant. Elle a d'ailleurs la conviction qu'elle ne sera jamais assez parfaite pour mériter l'amour.*

Comme toutes ces personnes, vous avez aussi des blessures psychiques qui rejaillissent dans votre relation de couple. La lecture des exemples précédents vous a certainement permis de découvrir quelles sont celles qui vous affectent. Si vous trouvez ce résumé trop succinct, référez-vous à l'ouvrage cité. Le sujet des blessures y est longuement développé. Quoi qu'il en soit, pour mieux vous connaître, il est important que vous identifiiez vos blessures, car ce sont les émotions qu'elles vous font vivre qui activent les mécanismes de défense causant vos conflits. Prendre soin de vous, dans ce cas, c'est rester présent à ces émotions ; c'est accueillir sans vous juger, votre honte, votre culpabilité, vos peurs, votre peine, votre colère, votre jalousie, votre haine, votre mépris, votre insécurité, votre impuissance. Pour vous aider, faites l'exercice suivant :

Exercice d'identification des blessures

1. *Reprenez le cas de la difficulté relationnelle que vous avez repérée dans l'exercice précédent avec votre amoureux.*

2. *Relisez tous les exemples en italique qui décrivent ce qui caractérise chacune des blessures et soulignez ce que vous reconnaissez de vous.*

3. *En observant les passages soulignés, identifiez les blessures qui sont touchées en vous dans votre relation avec votre conjoint dans la situation qui vous fait souffrir en ce moment ?*

4. *Quelles sont les émotions vécues ? Prenez le temps de bien les identifier et de les accueillir, surtout celles que vous jugez négativement.*

5. *Si vous le pouvez et si vous le jugez opportun, exprimez ces émotions à votre conjoint sans vous défendre.*

6. *Dans le but de dépister vos plus importantes lésions psychiques, recommencez cet exercice d'autoobservation de vos blessures chaque fois que vous vivez un conflit avec votre amoureux ou refaites-le chaque jour tant que votre problème actuel n'aura pas été réglé. Plus vous pratiquerez cet exercice et les précédents, plus vous deviendrez maître de votre monde intérieur*

> *et de vos mécanismes de défense. Vous verrez que la répétition apportera des changements dans votre relation. Si vous vous limitez à la lecture de mes secrets, vous n'obtiendrez probablement pas les résultats recherchés aussi rapidement. Servez-vous de ces questions et de tous mes secrets pour communiquer avec votre conjoint et n'hésitez pas à consulter une personne de confiance si vous êtes confronté à trop d'impuissance.*

J'ai présenté le résumé des blessures à partir d'exemples pour vous rendre ce thème plus accessible et pour favoriser la connaissance, la compréhension et l'amour de vous-même. **Il est impossible de prendre soin de vous en relation si vous vous fermez au langage de votre cœur et si vous continuez à réprimer et à négliger l'enfant, l'adolescent et l'adulte blessés en vous. Si vous voulez réussir votre relation amoureuse, occupez-vous de cet enfant chaque fois qu'il souffre. Ne l'abandonnez pas, parce que, en le délaissant, vous vous laissez tomber. Les conséquences sur votre équilibre psychique et sur votre relation amoureuse sont trop lourdes pour négliger de soigner minutieusement vos blessures, en les observant d'abord, puis, en les accueillant et en les exprimant ensuite.** Vous verrez que derrière elles se cachent les plus merveilleux facteurs de guérison : vos besoins.

Observez vos besoins

Les blessures causent des manques dans le psychisme que seules la conscience et l'attention aux besoins peuvent combler. Toutefois la notion de «manque» conduit à l'impuissance alors que celle de «besoin» procure un pouvoir de changement exceptionnel. Prendre conscience du manque n'est utile que si cela permet d'identifier le besoin qui l'accompagne. Ainsi, le manque d'amour indique votre besoin d'être aimé et surtout de vous aimer. De la même manière, si vous manquez de calme dans vos vies, c'est que vous avez besoin de paix intérieure.

En tant qu'être multidimensionnel, vous éprouvez de nombreux besoins. Vous aimer, c'est vous occuper non seulement des besoins de votre cœur, mais aussi de ceux de votre corps, de votre intelligence rationnelle et de votre dimension spirituelle, et ce, dans vos relations affectives et spécialement dans votre relation amoureuse. Cette attention à vos besoins personnels apparaît d'autant plus difficile que l'être que vous aimez a aussi des besoins. Comment alors prendre soin des vôtres quand les siens sont pressants ? Comment trouver un équilibre entre le temps que vous devez vous réserver, celui que vous devez consacrer à votre conjoint et à votre relation de couple ?

Je répondrai à cette question dans la partie du présent chapitre qui touche l'affirmation de soi en relation. Pour le moment, nous en sommes à l'étape de la connaissance de vous-même par l'autoobservation. L'exercice suivant vous aidera à dépister vos besoins en relation.

Exercice d'identification des besoins

1. Revenez de nouveau à l'exemple que vous avez utilisé pour repérer vos réactions défensives et vos blessures.

2. Jusqu'à maintenant, vous avez pu observer vos mécanismes de défense avec la personne qui déclenche en vous des malaises, en l'occurrence votre amoureux. Vous avez aussi identifié vos blessures et les émotions qu'elles ont générées en vous dans la présente situation. Il s'agit maintenant de découvrir, par l'autoobservation, vos besoins affectifs non satisfaits en ce moment dans cette relation et de voir en quoi vous vous empêchez vous-même de les satisfaire. Avez-vous besoin :

   • d'être aimé ?
   • d'être reconnu ?
   • d'être écouté ?
   • d'être accepté ?
   • d'être sécurisé ?
   • d'être libre ?
   • d'être respecté ?
   • de vous affirmer ?

3. Recommencez cet exercice chaque fois que vous rencontrez des difficultés relationnelles avec votre conjoint pour avoir une idée plus juste des besoins fondamentaux dont vous ne vous occupez pas suffisamment dans votre relation amoureuse.

Ce travail d'autoobservation, pour être significatif, gagnerait à être intégré à votre vie quotidienne. La partie de ce chapitre qui concerne l'affirmation de soi vous donnera de nombreux moyens pour passer à l'action, chaque fois qu'un événement vous rendra mal à l'aise ou malheureux. Pour le moment, rappelez-vous que l'autoobservation représente l'un des meilleurs moyens de prendre soin de vous en relation, d'autant plus que, grâce à elle, vous acquerrez du pouvoir sur votre vie au lieu d'en prendre, par défensive, sur celle de votre conjoint.

La nécessité de prendre soin de vous en relation devrait être intégrée à votre vie quotidiennement. Autrement le travail proposé dans ce guide risque de se concentrer uniquement sur le savoir. La connaissance exclusivement intellectuelle s'avère nettement insuffisante pour profiter des secrets de ce guide et pour réussir votre relation amoureuse. N'oubliez pas que la vie se déroule dans le présent et que chaque situation de l'ici et maintenant porte son pouvoir de transformation et de changement si vous restez attentif à ce qui se passe en vous au moment où elle se produit.

Premier petit secret pour prendre soin de vous

Quand votre relation de couple se porte mal
et que vous en souffrez,
arrêtez-vous pour observer et découvrir
comment vous vous défendez,
quelles émotions vous vivez
et quels sont vos besoins affectifs non satisfaits.

Cela vous donnera le pouvoir de vous connaître
et celui de vous changer vous-même.

Sinon, confronté à votre propre impuissance,
vous tenterez sans doute de vous victimiser,
de changer votre amoureux
et de le rendre responsable de vos malaises
en vous défendant par des jugements,
des reproches et des critiques.

En résumé, je vous encourage à éclairer davantage vos secrets intérieurs, pour apprendre à vous occuper de vous plus rapidement et plus facilement dans le malaise, et surtout pour apprendre à vous respecter et à vous attirer le respect dans votre relation avec le partenaire de votre vie.

2. Respectez-vous

Rappelez-vous que **le respect est un sentiment qui vous porte à estimer suffisamment une personne et à lui reconnaître assez de valeur pour lui accorder une considération spéciale et vous conduire avec elle d'une manière particulièrement attentionnée.**

Considérant cette définition, pouvez-vous dire honnêtement que vous démontrez du respect envers vous-même ?

Quand j'ai rencontré Gilbert pour la première fois, il avait fêté son 55e anniversaire de naissance trois mois plus tôt. Il avait longtemps attendu ce moment, car il avait décidé, avec l'accord de son épouse, qu'il prendrait sa retraite à cet âge. Il était loin de se douter que tous ses beaux projets d'homme retraité, que tout ce bonheur anticipé à l'idée de profiter enfin de tout son temps serait balayé en un instant deux jours après son anniversaire. Ce jour-là, sa femme lui a annoncé qu'elle le quittait pour son meilleur ami. Ils avaient vécu trente-trois ans ensemble, avaient eu trois enfants et étaient grands-parents de deux merveilleuses petites filles.

Lors de notre premier rendez-vous, il était dévasté, déprimé et voulait mourir. Jamais il n'aurait cru possible une telle catastrophe. Il était profondément convaincu qu'il partagerait la vie de Suzanne jusqu'à sa mort. C'est dire qu'il n'avait absolument rien vu venir. Il ne comprenait rien à ce qui lui arrivait. Depuis qu'il avait appris cette nouvelle, il était resté pétrifié par le choc. Certains jours, il croyait rêver et espérait la fin du cauchemar, mais les événements le ramenaient rapidement à la dure réalité.

Il avait pourtant été un bon mari. Il avait constamment agi pour plaire à Suzanne. Elle avait toujours passé avant lui dans sa vie. Jamais il ne l'avait contredite et il lui avait toujours donné raison. Non seulement il avait satisfait ses moindres besoins, mais il s'était efforcé de les deviner quand elle ne les exprimait pas. Dans cette relation, il s'était nié toute sa vie pour éviter les conflits, pour maintenir la paix, pour faire plaisir à son épouse et pour la rendre heureuse. Comment pourrait-il maintenant vivre sans elle, lui qui avait aligné sa propre vie sur les désirs, les besoins et les projets de sa femme ? Il se retrouvait complètement déstabilisé, désorienté.

J'ai vite compris que le problème de Gilbert se situait dans le fait que, non seulement il ne se connaissait pas, mais il n'avait démontré absolument aucun respect de lui-même dans sa relation amoureuse. Il n'avait jamais appris à prendre soin de lui. Puisque se respecter, c'est aussi, selon le Petit Robert, « agir de manière à conserver l'estime de soi », il apparaissait bien évident que Gilbert manquait trop d'estime de lui-même pour s'attirer le respect de sa conjointe. Il était loin d'avoir intégré les éléments fondamentaux du respect de soi dans sa vie affective. Petit à petit, il a appris ce deuxième petit secret.

Deuxième petit secret pour prendre soin de vous

Respectez-vous.

**Ayez une considération particulière
envers vous-même.**

**Accordez tous les jours une attention spéciale
à la satisfaction de vos besoins.**

**Convainquez-vous que
vous êtes la personne la plus importante au monde
pour vous et traitez-vous en conséquence.**

Le petit exercice suivant, si vous le pratiquez conscien-cieusement, vous aidera à prendre conscience du degré d'importance que vous vous accordez dans votre relation amoureuse.

Exercice d'évaluation du respect de soi

1. *Quelle est la personne au monde pour laquelle vous avez le plus d'estime et de respect?*

2. *Comment manifestez-vous votre respect envers cette personne?*

3. *Agissez-vous avec autant de considération envers vous-même?*

4. *Sinon, quels moyens concrets pouvez-vous adopter pour vous témoigner plus de respect dans votre relation de couple?*

Pour actualiser le respect de vous-même dans votre re-lation amoureuse, je vous suggère, entre autres moyens, de vous consacrer du temps tous les jours, sans exception, pour vous faire plaisir.

3. Consacrez-vous du temps tous les jours

Si vous travaillez toute la journée, que vous arrivez chez vous le soir pour vous occuper de vos enfants, de votre conjoint, des tâches familiales et qu'il ne vous reste aucune période de temps libre, comme je l'ai fait longtemps moi-même, votre vie manquera d'équilibre. Vous finirez par ressentir de la frustration, voire dans certains cas de la rancœur envers votre conjoint et vos enfants. Au fil des ans, votre relation amoureuse en sera certainement affectée. Croyez-moi, à long terme, l'allocentrisme défensif ne rend pas un couple heureux.

Peut-être me direz-vous que vous manquez de temps et que, avec vos obligations, vous avez déjà assez de difficulté à gérer votre horaire. Dans ce cas, vous démontrez tout simplement à quel endroit vous placez vos priorités. Vous êtes prisonnier des « il faut que » et vous faites passer les autres avant vous, alors que pour jouir d'une relation amoureuse réussie, il est fondamental de vous accorder la première place – non par égoïsme, mais par amour de vous-même –. de vous occuper ensuite de votre couple, après de votre famille et, finalement, de votre vie professionnelle.

Cette pratique ne se mesure pas en périodes de temps. Vous ne pouvez l'évaluer que par la qualité de votre présence et surtout par une clarification honnête de vos priorités de vie. Si, dans votre esprit, vous priorisez votre travail au point qu'il occupe votre cœur, vos pensées, vos ambitions, il est évident que votre couple et votre famille manifesteront des signes d'insatisfaction, voire de perturbations plus ou moins importantes. Pire encore, vous serez le premier à en souffrir. Vous vous sentirez probablement coupable, angoissé ou déchiré intérieurement.

Par contre, si vous vous placez en tête de vos priorités et que vous vous occupez de vos besoins sans tenir compte de ceux des autres, vous ne manifestez pas de véritable amour de vous-même non plus. **L'amour de soi s'inscrit dans le cadre d'une relation. C'est dans la relation affective et par elle qu'il se construit. Inutile alors d'essayer de vivre en couple comme si vous étiez seul au monde ou le centre du monde.** La vie à deux se bâtit sur une balance qui cherche constamment l'équilibre entre l'amour de soi et l'amour de l'autre.

Je vous mets en garde contre un fonctionnement que j'ai observé chez plusieurs personnes qui vivent en couple. Lorsque celles-ci établissent leurs priorités, elles sont parfaitement d'accord pour prendre soin d'elles d'abord afin de mieux prendre soin des autres après. Cependant, dans la pratique, il existe un décalage entre leurs désirs et leurs actions. En réalité, la hiérarchie des priorités que je vous propose pour réussir votre vie amoureuse se trouve, pour plusieurs couples, carrément inversée. Pour eux, la vie professionnelle occupe la première place, suivie de la vie amoureuse et familiale. Le temps pour eux n'existe tout simplement pas. Si vous êtes de ceux-là, j'imagine que ces lignes doivent vous paraitre extrêmement dérangeantes. Je suis consciente que je peux provoquer des remises en question et que ce secret peut vous sembler totalement irréaliste. Il n'en est pas moins de toute première importance et il mérite que vous lui accordiez un certain temps de réflexion, particulièrement si vous êtes épuisé et que votre vie amoureuse ne vous satisfait pas. Arrêtez-vous un instant maintenant et observez-vous pour répondre à cette question : **votre vie est-elle menée par la peur, la culpabilité et l'insécurité ou par l'amour ?**

Rappelez-vous que votre capacité d'aimer authentiquement votre conjoint et vos enfants repose sur l'amour de
vous-même et que l'un des moyens de vous manifester de
l'amour consiste à réserver, dans votre agenda, du temps
chaque jour uniquement pour vous.

En ce qui me concerne, je ne peux plus imaginer ma vie
sans ces espaces de temps que j'utilise exclusivement pour
moi. J'éprouve un besoin vital de solitude, de rencontre avec
moi-même, ne serait-ce que pour arrêter toute activité et ne
rien faire. Ces moments me régénèrent complètement et je
les place en priorité dans mon agenda. Quand je sors de ces
intervalles précieux, j'éprouve un grand bonheur à retrouver
les miens et je me montre beaucoup plus aimante et plus
ouverte à donner et à recevoir. Je suis alors plus énergisée,
plus centrée et plus efficace. Je sens alors un équilibre entre
ma vie intérieure et le monde extérieur, entre les moments
de relation et les moments « ressourçants » de solitude.
Considérant mon parcours de vie, trop longtemps carac-
térisé par un manque d'amour de moi, je suis bien placée
pour vous confier mon troisième secret.

**Troisième petit secret
pour prendre soin de vous**

**À partir d'aujourd'hui,
donnez-vous assez d'importance
pour consacrer du temps tous les jours
à vous faire plaisir.
Dressez la liste de ce que vous aimez
et négociez avec votre conjoint,
et surtout avec vous-même,
des moments pour prendre soin de vous.
Encouragez-le à agir de la même manière
en l'assurant de votre collaboration.**

Par exemple, si vous avez des enfants, votre amoureux peut s'en occuper pendant que vous vous livrez à la méditation, à la détente ou à la lecture. Il peut également préparer un bon repas pendant que vous vous rendez à votre cours de Qi-Gong. De votre côté, vous pouvez garder les enfants ou, si vous n'en avez pas, vous tourner aussi vers des activités qui vous plaisent pendant qu'il s'entraîne au centre sportif ou qu'il se retire dans son bureau pour écouter de la musique ou encore pour s'adonner à sa passion pour l'informatique.

Si vous réussissez à vous offrir mutuellement ce plaisir quotidien, vous serez habité par un sentiment de bien-être, d'amour de vous-même et de liberté extraordinaires. Vous vous donnerez alors assez d'importance, de considération et de valeur pour respecter ce moment sacré de rencontre avec vous-même.

4. Prenez conscience de votre valeur

Gilbert, dont je viens de vous entretenir, a grandi avec un père qui ne voulait pas d'enfant. Souvent à l'étranger pour de longues périodes de temps, quand il revenait chez lui, il était dérangé par cet enfant qu'il voyait comme une interférence dans sa vie. Aussi, ignorait-il son fils et, lorsqu'il s'adressait à lui, c'était pour le disputer, l'humilier ou le dévaloriser. Gilbert avait très peur de ce père impatient et fort autoritaire. Alors, il faisait en sorte de s'effacer le plus possible pour ne pas susciter de réactions impétueuses chez cet homme imposant et particulièrement narcissique. Très jeune, à l'image de sa mère, il avait choisi la soumission. Pour se protéger, il avait appris à se centrer sur les besoins de ses parents et à tout faire pour ne pas subir la violence verbale et le comportement méprisant de l'homme qui lui avait donné la vie.

Quand il avait rencontré Suzanne, il avait été attiré par son dynamisme et sa force de caractère. Elle représentait tout ce qu'il aurait voulu être. Cependant, à cette époque-là, dans son élan amoureux, il n'était absolument pas conscient qu'il répéterait avec elle le même fonctionnement qu'il avait adopté avec son père. Il s'est complètement oublié pour la rendre heureuse. Quand elle lui a dit qu'elle ne pouvait plus vivre avec un homme éteint et sans personnalité, toute sa structure psychique s'est effondrée. Le fait qu'elle ajoute qu'elle s'était ennuyée toute sa vie avec lui l'a mis dans un état de profond désarroi. Jusqu'à ce jour, il avait agi un peu comme un automate, coupé de lui-même, ignorant que sa soumission, sa tolérance et sa négation de lui-même étaient défensives, inconscient de son incapacité à aimer véritablement une personne parce qu'il n'avait aucune connaissance et aucun amour de lui-même.

Comme enfant, comme père, comme époux et comme employé, Gilbert avait été un exécutant sans initiative et sans esprit créateur. Il va sans dire qu'il méconnaissait totalement sa valeur. Par la lecture et la thérapie, il a commencé à se connaître et à découvrir que, malgré le fait qu'il ait été ignoré, dévalorisé, humilié et abandonné, il était loin d'être un homme insignifiant et tout n'était pas négatif en lui. Avec le temps, il a fini par reconnaître son honnêteté, sa persévérance, son respect des engagements, sa générosité, sa fiabilité, sa fidélité, sa capacité d'écoute, son souci du travail bien fait, ses talents manuels, et j'en passe. Petit à petit, il a construit l'estime de lui-même et a appris à se respecter en relation en écoutant et en affirmant ses émotions et ses besoins. **Quel que soit votre âge et, contrairement à la croyance populaire, toute transformation est donc possible. Surtout, n'abandonnez pas.**

Tout être humain, quel qu'il soit, possède une valeur unique et incomparable. Aussi, le respect de vous-même dans vos relations affectives repose-t-il sur la conscience de cette valeur. Vous possédez des qualités, des forces et des talents exceptionnels dont vous devez être conscient et fier. La fierté dont je parle ici n'a rien à voir avec la supériorité et l'orgueil. Elle est, au contraire, un sentiment profond et juste de votre grandeur, sans aucune forme de comparaison avec autrui. D'ailleurs, **la comparaison est un mécanisme de défense qui prouve que vous n'avez pas de véritable estime de vous-même. Celui qui s'aime vraiment et sainement ne sent aucun besoin de se comparer à qui que ce soit. Pour « être » et pour « agir », il se base sur ses propres critères intérieurs et non sur ceux des autres.** Parce qu'il se comparait à Suzanne, en s'infériorisant, Gilbert n'exploitait pas ses ressources et ses talents personnels. S'il a été abandonné par elle, c'est parce qu'il s'est lui-même abandonné par manque d'amour de lui-même.

D'autres, à la différence de Gilbert, confrontés au manque de confiance en eux, tenteront constamment de prouver à leur conjoint et aux autres qu'ils sont capables de les surpasser. Avoir, dans son entourage proche une personne qui veut toujours prouver sa valeur en se supériorisant est insupportable. L'autre n'existe pas pour qui veut sans cesse démontrer sa valeur. Les gens de l'entourage deviennent pour lui des objets qui ne servent qu'à gonfler son égo. Aux prises avec une attitude de supériorité défensive, cette personne demeure incapable de se donner de l'importance autrement qu'à travers le regard extérieur. Si c'est votre cas, ne vous condamnez surtout pas. Prenez conscience du manque profond de reconnaissance que vous avez de vous-même et de votre sentiment d'infériorité, et accomplissez chaque jour des pas pour vous estimer davantage.

Dans une relation de couple, le système supérieur/inférieur, qui résulte d'un manque chronique d'amour de soi, devient invivable à la longue parce qu'il mène inévitablement à des jeux de pouvoir. Le seul moyen de le dénouer est de travailler l'estime de soi afin de développer un MOI assez fort pour prendre ses points de référence dans son ressenti, son intuition et ses propres ressources plutôt que dans la comparaison aux autres.

Croyez-moi, vous valez la peine d'être considéré pour ce que vous êtes. Vous n'avez pas à essayer d'être comme les autres pour être aimé. Restez vous-même. Il est fondamental que vous en soyez profondément convaincu ou, dans le cas contraire, que vous y travailliez, car il n'existe pas d'autre façon durable d'attirer le respect et l'amour véritable.

J'aimerais trouver les mots pour que vous mesuriez l'importance du respect et de l'amour de vous dans votre relation amoureuse et dans toutes les situations de votre vie. Moi qui ai passé une longue partie de ma vie à me centrer sur les autres et à m'occuper de moi de façon défensive, je sais très bien de quoi je parle. Sachez que le premier pas à franchir dans le processus qui mène au respect de vous-même est la prise de conscience de votre valeur. Il est essentiel de vous accorder une sincère estime personnelle.

L'exercice suivant vous proposera une réflexion et des moyens qui, si vous les appliquez, vous aideront à développer l'estime de vous-même. Si vous souhaitez approfondir ce sujet, vous trouverez dans la bibliographie des livres qui vous y aideront. Quoi qu'il en soit, n'oubliez pas que votre relation de couple est votre terrain de travail sur vous-même et le lieu d'application de tout l'enseignement présenté dans ce guide ainsi que de tout l'apprentissage que vous retirerez de vos lectures. Vous y découvrirez, entre autres, que vous n'atteindrez jamais vraiment l'amour de vous-même si vous vous comparez aux autres et à votre conjoint et si vous omettez d'utiliser des moyens concrets et quotidiens pour apprendre à vous aimer.

**Quatrième petit secret
pour prendre soin de vous**

Accordez de la valeur à la personne que vous êtes.

**Prenez des moyens dès maintenant
pour développer l'estime de vous-même
de manière que vous reconnaissiez
la valeur des autres sans vous comparer à eux,
c'est-à-dire sans vous sentir diminué.**

La comparaison détruit l'estime de soi. En réalité, vous n'êtes ni supérieur ni inférieur à personne. Vous êtes simplement différent. Malgré les apparences, celui qui se place « au-dessus » des autres manque autant d'amour de lui-même que celui qui se place au-dessous. Bien sûr, vous avez besoin des autres pour avancer. À certains moments précis de votre parcours, certaines personnes contribuent à votre évolution. Non pas parce qu'elles sont supérieures à vous, mais parce que, par leur cheminement, leur compétence dans tel ou tel domaine, et surtout, par leur différence et leurs expériences de vie, elles peuvent vous révéler ce que vous portez en vous de plus merveilleux.

Ces personnes qui vous ont propulsé dans le passé et qui vous propulsent aujourd'hui ont aussi rencontré sur leur chemin des êtres qui ont su réveiller en eux l'amour d'eux-mêmes. Ils vous donnent, à leur manière, le meilleur de ce qu'ils sont. Vous donnez aussi, à votre façon, avec ce que vous êtes, le meilleur de vous-même. C'est le cycle de la vie, le cycle de l'amour et du respect de soi et des autres.

Pour vous aider à intégrer la conscience de votre valeur, je vous suggère de prendre le temps de répondre le plus honnêtement possible aux questions suivantes :

Exercice de prise de conscience de sa valeur

1. Avez-vous une estime de vous-même en dents de scie ? Autrement dit, votre sentiment de valeur et de non-valeur dépend-il de votre comparaison aux autres ?

2. Gardez-vous la conscience de votre valeur quand vous êtes ignoré, humilié, dévalorisé, comparé défavorablement ?

---

3. *Retracez une situation dans laquelle vous ne vous êtes pas senti considéré et important pour votre conjoint. Comment avez-vous réagi et qu'avez-vous vécu ? Vous êtes-vous placé en supérieur ou en inférieur par rapport à lui ? Avez-vous répondu à son manque de considération par de l'indifférence feinte ou du rejet ? Avez-vous fait subir à votre conjoint, bien inconsciemment, le traitement qu'il vous a infligé et que vous lui reprochez ?*

4. *Éprouvez-vous de la difficulté à reconnaître la valeur de votre amoureux, de vos enfants et des autres ? Savez-vous exprimer quotidiennement à ceux que vous aimez à quel point vous appréciez telle qualité, tel talent, telle force qu'ils ont ?*

5. *Dressez la liste de vos qualités et de vos talents. Pour la réaliser, assurez-vous que vous disposez de suffisamment de temps. Lorsque vous prenez conscience d'un élément nouveau ou oublié, complétez votre liste.*

6. *Relisez cette liste au moins une fois par jour. Surtout, ne le faites pas mécaniquement. Prenez le temps de savourer chaque qualité et chaque talent, et ressentez-les.*

7. *Demandez à votre conjoint de vous mentionner ce qu'il apprécie en vous et agissez de la même manière avec lui.*

8. *Observez-vous dans le quotidien sans vous juger. Chaque fois que vous vous verrez en train de vous déprécier et de vous comparer en vous supériorisant ou en vous inférieurisant, revenez à vous-même et dites : « Je suis un être unique et incomparable. Ce que je suis est merveilleux. » Soyez présent à cette affirmation et ressentez-la bien.*

9. *Lorsque vous comparez deux personnes entre elles, que ce soient vos élèves, vos enfants, vos petits-enfants, vos frères et sœurs, vos collègues, vos parents ou vos amis, prenez-en conscience et*

> *répétez l'affirmation suivante : « Ces deux personnes sont uniques et incomparables. » Concentrez-vous plutôt sur leur unicité.*
>
> 10. *Lorsqu'une personne vous compare, même à votre avantage, n'oubliez pas que cela ne change absolument rien à ce que vous êtes et à ce que vous faites. Remerciez cette personne de son appréciation et expliquez-lui gentiment que vous souhaiteriez qu'elle vous apprécie sans vous comparer à quelqu'un d'autre.*
>
> 11. *Le soir, avant de vous endormir, reconnaissez vos réalisations de la journée, et les qualités et talents que vous avez dû utiliser pour les accomplir.*
>
> 12. *N'hésitez pas à accepter de l'aide si vous n'arrivez pas tout seul à vous estimer assez pour vous respecter et vous faire respecter.*

Vous n'êtes pas parfait et moi non plus.

**Plus vous exigerez de vous la perfection,
moins vous reconnaîtrez votre valeur.**

**Vous serez alors trop exigeant
envers votre conjoint et votre couple,
et vous deviendrez un contrôleur.**

Cette attitude « contrôlante », que j'ai bien connue, vous empêchera de jouir de la vie et rendra votre relation amoureuse infernale. Vous possédez non seulement des forces, mais également des faiblesses, des talents ainsi que des limites. Quel que soit votre parcours de vie, reconnaissez-le, car c'est avec votre unicité que vous accomplirez votre mission de vie. Il est extraordinaire de découvrir l'échange interrelationnel qui se produit dans votre couple lorsque vous savez composer avec vos différences. Cet échange permettra à chacun de donner et de recevoir sans se comparer à l'autre. N'est-ce pas la meilleure manière d'apprendre à rester vous-même ?

5. Restez vous-même

« Sois toi-même ! », m'a dit un jour un de mes professeurs. Quand j'ai entendu cette phrase pour la première fois, j'ignorais absolument comment être moi-même. Aujourd'hui je sais que, sans connaissance de soi et sans conscience de sa valeur, il est très difficile d'atteindre ce louable objectif, particulièrement lorsqu'on s'est développé en fonction de l'attente des autres. Pour me construire une personnalité, je me suis appuyée en grande partie sur le regard et l'opinion de mes éducateurs et, plus tard, sur le regard de mes pairs. Je suis ainsi devenue une femme de devoir. Les injonctions telles que « il faut que », « tu dois » ont marqué plusieurs années de ma vie, tant comme éducatrice que comme éduquée, tant comme épouse que comme mère. Pour rester moi-même, j'ai dû d'abord répondre à deux grandes questions :

- Qui suis-je ?
- Comment puis-je être moi ?

Qui suis-je ?

La plupart des gens limitent leur conception d'eux-mêmes à tout ce qui gravite autour de leur personnalité : leur nom, leur corps, leurs émotions, leurs désirs, leurs besoins, leurs croyances, leurs connaissances rationnelles, leurs pensées, leurs opinions, leurs aspirations, voire leurs possessions et leurs réalisations. D'autres, au contraire, méprisent leur personnalité et se définissent uniquement par leur nature spirituelle. J'ai oscillé entre les deux extrêmes et, d'un côté comme de l'autre, je me sentais incomplète. C'est pourquoi je n'accédais jamais à l'harmonie intérieure que je recherchais.

Mon expérience rejoint celle de plusieurs maîtres spirituels du XXIe siècle, notamment, Ferrini, Chopra, Tolle, et m'a convaincue, avec les années, que je suis à la fois humaine et divine. La réalité est que je ne peux nier, sous peine de déséquilibre psychique ou physique, mes dimensions corporelle, affective et rationnelle. D'autre part, si je ne m'ouvre pas à l'Être qui me constitue, je me retrouve souvent aux prises avec des sentiments d'impuissance, de vide et d'insécurité devant lesquels je me sens dénuée de pouvoir. Dans ces moments-là, spécialement quand je suis confrontée à la souffrance des autres et à la mienne, ma vie n'a plus de sens. En fait, je me rends bien compte que, par les seules ressources de ma personnalité, je n'arrive pas à résoudre tous mes problèmes, encore moins ceux des gens que j'aime et, à une échelle plus large, ceux que vivent des milliards d'individus dans le monde, dont des enfants, totalement innocents.

Je crois profondément que je suis « personnalité » et « Être », pour employer le mot choisi par Eckart Tolle pour désigner notre « *essence invisible et indestructible la plus profonde* ». C'est donc l'harmonie de ces deux dimensions en vous qui vous rendra véritablement humain et qui vous ouvrira sur tous les possibles. Cela dit, comment pouvez-vous concrètement être ce que vous êtes, c'est-à-dire rester vous-même en dépit des jugements, des désapprobations et surtout en dépit de vos peurs ?

Comment rester vous-même ?

Le meilleur moyen d'atteindre ce souhaitable objectif est sans contredit « la connaissance de soi ». Vous pouvez vous connaître rationnellement par des lectures et en assistant à des cours. Toutefois vos expériences relationnelles, particulièrement, vos expériences affectives et amoureuses, constituent le meilleur chemin à emprunter pour progresser en ce sens. C'est quand vous êtes blessé par l'être aimé que vous pouvez le mieux découvrir vos émotions, vos réactions défensives et vos besoins, si vous savez vous observer et vous accueillir. C'est lorsque vous êtes heureux sans raison apparente que vous découvrez vos sources intérieures de paix, de joie et d'amour. Dans les moments où vous êtes confronté à des obstacles apparemment insurmontables ou à des défis qui semblent dépasser vos capacités, c'est alors que vous pouvez solliciter vos ressources insoupçonnées. Si vous en prenez conscience, vous approfondirez graduellement votre connaissance de vous-même.

Dans ma vie, j'ai franchi des obstacles que je n'aurais jamais pensé pouvoir franchir si on m'avait prédit que je les rencontrerais un jour. J'ai sauvé mon fils cadet de la mort par noyade en lui donnant la respiration artificielle, alors que je ne connaissais absolument rien à cette technique. J'ai concrétisé des rêves que je croyais totalement irréalisables grâce à ma persévérance, à ma détermination, à mon sens de l'organisation et de la discipline, et parce que je sentais du plus profond de mon être qu'ils faisaient partie de mon chemin de vie. Je suis sortie grandie de souffrances indescriptibles causées par la trahison et l'humiliation, souffrances susceptibles de me détruire si j'en étais restée aux seules ressources de ma personnalité. Toutes ces expériences et de nombreuses autres m'ont permis de découvrir des forces, des talents, des blessures, des peurs, des défensives dont j'ignorais la présence en moi ! Elles ont contribué, par le travail que j'ai effectué sur moi, à me faire prendre conscience de ma valeur et à développer l'amour de moi. Petit à petit, j'en suis arrivé à m'affirmer davantage, spécialement dans ma relation de couple, pour respecter mon besoin viscéral de liberté.

Cela dit, d'autres moyens que la connaissance de soi peuvent s'appliquer à votre vie amoureuse pour rester qui vous êtes. Si vous les appliquez d'une manière soutenue à votre vie quotidienne, ces moyens, que j'appelle «mes petits secrets d'amour de soi», augmenteront votre sentiment de liberté dans votre relation de couple. N'oubliez pas que la meilleure façon d'atteindre la liberté en amour consiste à rester authentique avec celui que vous aimez. Travailler à acquérir cette authenticité, c'est prendre la voie royale qui mène à l'amour de soi.

Cinquième petit secret
pour prendre soin de vous

**Chaque fois que vous agissez
en fonction du regard des autres
et de celui de votre conjoint, chaque fois
que, au détriment de votre liberté d'être,
vous sentez le besoin de prouver votre valeur
pour éviter leur jugement ou pour être aimé et reconnu,
arrêtez-vous un instant pour en prendre conscience.**

**Identifiez vos besoins réels,
y compris vos besoins spirituels,
et orientez votre action dans le sens
de ce que vous voulez vraiment,
peu importe ce qu'en pense ou dit le monde extérieur.
Ayez la force de rester vous-même.**

Mise à part la connaissance de soi, d'autres moyens peuvent vous aider à rester vous-même dans votre relation avec votre conjoint. Ces moyens, que je développerai ici, touchent à la fois le plan de la personnalité et celui de l'Être :

- Refusez d'être défini par votre amoureux.
- Démystifiez ses interprétations.
- Affranchissez-vous de ses attentes.
- Ne vous trahissez jamais.
- Ouvrez-vous à l'invisible qui vous constitue.

6. Refusez d'être défini par votre amoureux

Vous êtes par nature un être à potentialités infinies. La preuve en est que les circonstances, les défis, les obstacles de la vie contribuent parfois à vous faire découvrir des forces que vous ignoriez posséder, des talents que vous ne vous connaissiez pas et des qualités positives que vous croyiez ne pas avoir, comme nous venons de le voir. Aussi, **chaque fois que vous donnez aux autres le pouvoir de vous définir ou de vous étiqueter, vous intégrez une vision de vous-même susceptible de vous réduire, d'enfermer votre potentiel et d'altérer votre vraie nature.**

Même les caractéristiques positives qu'on vous attribue peuvent vous empêcher d'être vous-même si vous ne vous connaissez pas suffisamment. Par exemple, si la personne que vous aimez vous voit comme un être compréhensif, il est possible que, pour vous conformer à cette qualité et pour ne pas la décevoir, vous refouliez vos mécontentements, vos frustrations, vos insatisfactions, vos émotions désagréables et vos besoins. À la longue, cette négation de vous-même peut contribuer à diminuer, voire à annihiler votre amour pour l'autre.

Faut-il conclure que vous devez rejeter toutes les qualités qu'on vous reconnaît, bonnes ou mauvaises ? Pas du tout. D'une part, la reconnaissance juste et non-manipulatrice vous stimule et aide à guérir vos blessures du cœur. D'autre part, certaines observations honnêtes et authentiques de la part de personnes de confiance, même les observations qui ne sont pas flatteuses, peuvent contribuer à vous faire grandir intérieurement. Pour préserver votre véritable identité et votre liberté d'être pleinement qui vous êtes, il est donc fondamental d'accueillir avec discernement tout ce qu'on vous dit de vous.

Pour me faire comprendre, je ferai référence à tout ce que vous avez introjecté à la suite des affirmations de vos éducateurs à votre sujet, à tout ce que vous avez greffé à votre personnalité et qui ne vous appartenait pas. En fait, par manque de connaissance de vous-même et pour être aimé, vous leur avez donné inconsciemment le pouvoir de vous définir. Par la suite, vous avez tenté, comme je l'ai fait, d'agir conformément à leur perception ou, par réaction, dans le sens tout à fait contraire. Ces attitudes ont contribué à vous éloigner de vous.

Si vous n'avez pas pris conscience de cette réalité, vous la répéterez dans votre relation amoureuse. Vous donnerez aussi à votre conjoint le pouvoir de vous « définir ». Par exemple, si votre père vous a souvent traité de « paresseux », il est possible que vous passiez votre vie à vous acharner au travail pour « compenser » ce que vous croyez être une tare. Vous agirez ainsi tant et aussi longtemps que vous ne prendrez pas conscience de votre réalité personnelle. Vous comprendrez alors que vous avez laissé à l'un de vos éducateurs le pouvoir de vous « définir » et que ce qualificatif de « paresseux » ne vous convient peut-être pas.

Vos intérêts différaient probablement de ceux de cette personne et cette dernière a interprété votre désintérêt pour ce qui la passionnait comme une forme de paresse de votre part, ce qui n'était pas nécessairement le cas.

Si vous ne cherchez pas à vous connaître par l'autoobservation, le même phénomène se produira avec votre conjoint et vous le laisserez vous définir. Voici plusieurs moyens subtils par lesquels il peut vous définir : la généralisation. (*La seule chose qui t'intéresse dans la vie, ce sont les voitures.*) ; la comparaison (*Tu es aussi possessif que ta mère.*) ; la moquerie (*Tu danses comme un pingouin.*) ; le dénigrement (*Ce n'est pas toi qui as inventé la générosité.*) ; la dévalorisation (*Tu pourrais faire preuve d'un peu plus d'intelligence.*) ; la culpabilisation (*Ça ne te ferait pas de mal si tu m'aidais pour une fois.*) ; la « supériorisation » (*Heureusement que j'ai le sens des responsabilités et de l'organisation. Si ce n'était que de toi, ce serait l'anarchie dans cette maison.*) ; le jugement (*Décidément, tu n'as vraiment aucun goût pour l'habillement.*).

Toutes ces réflexions défensives ont pour effet d'enfermer l'être aimé dans un moule, de le réduire à une seule caractéristique négative. Ces étiquettes péjoratives qui lui sont attribuées le classent dans la catégorie des « non conformes ». Non conformes à quoi sinon à vos attentes ? Sans connaissance de vous-même, vous éprouverez de la difficulté à entendre de telles paroles avec discernement si elles vous sont adressées. Ou bien, vous les rejetterez sans reconnaître la part qui vous appartient, s'il en est une, ou bien vous vous laisserez influencer et perdrez l'estime de vous-même.

N'oubliez pas le pouvoir exceptionnel des mots. Vous en ignorez probablement la portée. Sandra Ingerman dans *Protégez-vous des pensées toxiques*[8], écrit à ce propos : « *En sanscrit,*

---

8   INGERMAN, Sandra. *Protégez-vous des pensées toxiques.* Paris, Guy Trédaniel Éditeur, 2008 p. 58-59

on pense que lorsque vous prononcez un mot, sa vibration s'élève dans l'Univers avant de redescendre sous forme de manifestation physique. » Elle ajoute : « *Les mots peuvent servir à guérir ou à blesser, à créer ou à détruire. Ils affectent nos relations à autrui, de même que ce que nous créons dans le monde. Donc, ne dites rien à autrui qui ne serve à créer la beauté dans sa vie.* » Elle complète avec ces phrases qui font réfléchir : « *Je considère les mots comme des graines. Chaque fois que nous semons la graine d'un mot, elle poussera. Dans le jardin de votre vie, est-ce que vous plantez des graines d'amour ou des semences de haine et de peur ?* »

Prenez bien le temps de vous arrêter ici pour répondre à cette question, parce qu'elle ne s'applique pas seulement aux mots que vous adressez aux autres ou que vous dites des autres, mais aussi à ceux que vous exprimez à propos de vous-même. Quand vous dites « *Je suis nul.* » ou « *Je suis con.* », par exemple, il est important que vous preniez conscience immédiatement des caractéristiques négatives que vous vous attribuez. Vous devez alors annuler cette affirmation négative et la remplacer par une affirmation positive du genre de celles-ci : « *Je sais que si je me concentre bien et me donne le temps d'apprendre, j'atteindrai mon objectif.* » ou encore « *Même si je ne comprends pas cette notion, je suis une personne unique et incomparable. En tant que telle, j'ai beaucoup de valeur.* »

Ce petit exercice à lui seul renforce l'amour de soi. Pratiquez-le quotidiennement et évitez également de formuler des affirmations négatives à propos de votre conjoint. Au lieu de le définir négativement, exprimez-lui vos malaises et vos besoins et déplacez votre regard. Dirigez-le vers ses qualités, ses comportements agréables et ses talents. S'il porte un regard négatif sur vous et vous lance des mots dévalorisants vous concernant, ne vous laissez pas définir. Informez-le de votre malaise et demandez-lui de vous exprimer ses besoins. Pour vous aider, lisez ensemble les pages de ce guide consacrées à ce petit secret et prenez du temps pour en discuter. Aidez-vous mutuellement à le mettre en pratique. Si vous ne réussissez pas à la première tentative, ne vous découragez pas.

Vous voyez sûrement ici l'importance que revêtent la connaissance de vous-même et la conscience de votre valeur. En effet, elles constituent des préalables essentiels pour que vous soyez en mesure d'entendre les commentaires désagréables des autres ou de votre conjoint à votre sujet sans vous laisser définir, sans vous disqualifier et sans vous autodétruire.

**N'oubliez pas que les autres vous voient
la plupart du temps à partir de ce qu'ils sont,
de ce qu'ils voudraient être
ou de ce qu'ils vivent par rapport à vous**

Vous agissez de la même manière avec eux.

**Votre vision des autres
quand vous n'êtes pas à l'écoute de vos émotions
est souvent une vision projective.**

Il est très difficile, particulièrement quand vous êtes blessé, d'avoir une perception juste de la réalité. L'objectif à atteindre est d'en arriver à rester vous-même dans votre relation amoureuse et à voir votre conjoint tel qu'il est. Toutefois cela demande du temps, un travail de connaissance de vous-même, un travail relationnel et, surtout, beaucoup d'honnêteté pour reconnaître humblement vos limites, vos faiblesses, vos erreurs, d'une part, et vos qualités, vos talents et vos forces, d'autre part.

<u>Sixième petit secret</u>
<u>pour prendre soin de vous</u>

Apprenez à vous connaître suffisamment
par l'autoobservation, la thérapie, la lecture
pour éviter de donner à votre conjoint
et aux personnes de votre entourage
le pouvoir de vous définir.

Vous seul avez ce pouvoir.

Revendiquez-le.

Plus vous saurez qui vous êtes, plus vous enlèverez aux autres le pouvoir de vous étiqueter. Par exemple, pour garder votre liberté d'être, vous pourrez répondre comme suit à la personne qui reconnaît votre facilité à comprendre les autres : « *Ça me fait plaisir que tu voies cette qualité que j'ai développée. Je suis en effet une personne bienveillante, même s'il m'arrive de faire preuve d'intolérance dans certaines occasions.* » À celui qui vous qualifie de personne agressive, vous saurez dire : « *Par souci d'honnêteté, je m'exprime parfois d'une manière trop directe et il m'arrive de manquer de diplomatie avec les gens, cependant, cela ne signifie pas du tout que je suis une personne agressive, bien au contraire.* »

Si votre conjoint vous dit qu'il se sent jugé par vous, demandez-vous honnêtement si c'est vrai. Sinon, demandez-lui de vous rappeler dans quelles situations précises vous l'auriez jugé. Sa réponse vous permettra de reconnaître vos erreurs s'il y a lieu. Dans le cas contraire, vous pouvez lui répondre que ce qu'il vous reproche ne correspond pas à la réalité et qu'il s'agit possiblement d'une projection de sa part. Une autre façon de réagir dans le respect de vous-même lorsque votre conjoint ou une autre personne vous attribue des qualités négatives consiste à lui demander gentiment de parler de lui plutôt que de parler de vous.

Quoi qu'il en soit, le secret ici est d'acquérir suffisamment de connaissance et de respect de vous-même pour accueillir d'une manière simple, naturelle et avec discernement les commentaires des autres à votre égard. Autrement dit, **l'important est de ne donner à personne le pouvoir de décider qui vous êtes, ce que vous vivez et quelles sont vos intentions, et d'éviter également de prendre ce pouvoir sur l'autre.** Remettre à votre interlocuteur ses projections et ses interprétations, et reprendre les vôtres est l'un des meilleurs secrets pour vous connaître et pour développer une relation amoureuse réussie. L'exercice suivant sera sûrement révélateur pour vous en ce sens.

Exercice de connaissance de soi

Répondez à ces questions spontanément :

1. *Trouvez deux qualités et deux défauts :*

   a. à votre père ;

   b. à votre mère ;

   c. à votre conjoint ;

2. *Voyez honnêtement et sans vous disqualifier ce que chacune de ces caractéristiques vous apprend sur vous-même directement ou indirectement.*

Au premier abord, vous ne vous reconnaîtrez peut-être pas dans ces caractéristiques. Approfondissez alors votre réflexion et voyez si celles qui semblent ne pas vous correspondre ne représentent pas ce que vous aimeriez être. Ou encore, demandez-vous si elles ne reflètent pas plutôt votre ombre intérieure, cette partie de vous bien enfouie au fond de votre inconscient parce que vous en avez honte et que vous la jugez mauvaise chez les autres. Sachez que nous possédons tous les qualités de nos défauts et que, comme l'affirme si bien Jung, nous sommes à la fois ombre et lumière. Décoder vos projections vous aidera à vous accepter tel que vous êtes et à refuser de vous laisser définir par les autres, particulièrement par votre conjoint. Il en sera de même si vous démystifiez ses interprétations.

7. Ne vous laissez pas interpréter

Si vous réfléchissez un instant à ce qui cause chacun de vos conflits de couple, vous découvrirez qu'ils sont le plus souvent suscités par l'un ou l'autre des déclencheurs suivants : soit l'un de vous définit et étiquette l'autre, comme nous venons de le voir ; soit il a des attentes irréalistes par rapport à lui ; soit il interprète à partir de lui-même, ses paroles, ses silences, ses gestes ou ses actions.

Interpréter une personne, c'est tenter de donner un sens à ses paroles, à ses comportements ou à ses gestes à partir de nos propres expériences de vie ou d'une quelconque théorie. La plupart du temps, le sens donné aux paroles ou aux actions de la personne interprétée reflète le monde intérieur de celui qui interprète, c'est-à-dire son vécu et ses blessures. L'interprétation se définit donc comme une forme de projection qui donne plus d'informations sur celui qui en est l'auteur que sur celui à qui elle s'adresse. C'est pourquoi, dans un couple où elle est souvent présente, elle génère chez l'amoureux interprété un profond sentiment d'incompréhension, voire d'injustice, parce que les intentions négatives qui lui sont attribuées ne sont généralement pas les siennes. S'il est inconscient de ce qui se passe en lui et s'il ne se connaît pas suffisamment, le conjoint interprété réagira par l'accusation, le jugement, le

rejet ou, lui aussi, par l'interprétation. Cela provoquera probablement une querelle comme c'était souvent le cas de Ginette et Laurier.

Aussitôt que l'un d'eux s'exprimait, il provoquait chez
l'autre une réaction défensive plus ou moins agressive, au
point que les moments passés ensemble se caractérisaient
par des périodes de disputes violentes. Celles-ci étaient
suivies de plusieurs heures de bouderie, durant lesquelles
les deux partenaires s'ignoraient mutuellement et ne pro-
nonçaient aucun mot. Incapables de se parler paisiblement,
et profondément blessés, ils ont décidé, sur le conseil d'un
couple d'amis, de consulter un spécialiste de la thérapie relationnelle. Ils ne voulaient plus faire subir leurs querelles
à leurs enfants. Dès la première rencontre, j'ai vu que leur
problème venait du fait qu'ils ne savaient ni s'exprimer ni
s'écouter. Chacun d'eux déformait les paroles de l'autre en
travestissant les faits et même en interprétant les intentions
cachées derrière ses actions et ses paroles. Lorsque Ginette
se taisait, impuissante, Laurier lui reprochait de chercher à
le manipuler. D'autre part, quand celui-ci haussait le ton, Ginette lui rétorquait qu'il voulait la dominer.

Leur dernier gros conflit datait de la veille de notre première rencontre. Les responsabilités assignées à chacun
d'eux dans le couple étaient en cause.

Comme Laurier travaillait de nuit, il dormait le matin.
Ginette s'occupait du déjeuner et conduisait les enfants
à l'école avant d'aller travailler. Quant à Laurier, il prenait
la relève le soir. Ce matin-là, elle n'avait pas entendu le ré-
veille-matin, car elle avait été malade et elle s'était endor-
mie très tard. Coincée par le temps, elle avait réveillé son
mari et lui avait demandé de l'aider. Fatigué et frustré,
il avait réagi en lui reprochant de ne pas respecter leur

entente et de se servir de l'insomnie comme prétexte pour ne pas s'occuper des enfants (interprétation). Profondément vexée, elle lui avait répondu que s'il travaillait de nuit, c'était justement pour ne rien faire à la maison (interprétation). Ainsi, chacun présumait des intentions de l'autre. En réalité, cette histoire montre que Ginette et Laurier s'interprétaient l'un l'autre à partir de la souffrance de leurs propres blessures.

Comme l'interprétation des paroles ou des actions des autres fournit des informations sur l'interprète et non sur l'interprété, la seule personne capable de donner un sens juste à vos actes, à vos mots et à vos intentions, c'est vous-même. Comment vous libérer alors de cette réaction défensive qu'est l'interprétation lorsqu'elle vous rend malheureux et qu'elle envenime votre relation amoureuse ?

Il faut d'abord savoir que l'interprétation est un mécanisme de défense. Nous nous défendons tous de cette manière à certains moments de notre vie, particulièrement quand nous vivons des émotions désagréables. Cependant, le seul fait de « vouloir » se libérer de ces réactions incontrôlables ne suffit pas, car celles-ci ne représentent que la pointe de l'iceberg. C'est à l'intérieur de nous-mêmes que nous en trouverons la cause. Pour comprendre la partie immergée de l'iceberg, que j'appelle la cause du problème, revenons à Ginette et à Laurier.

Tous les deux cachaient une blessure causée par le pouvoir qu'avaient pris sur eux certains de leurs éducateurs lorsqu'ils étaient enfants et adolescents. Ils étaient donc particulièrement sensibles à toute forme de domination. Au lieu d'exprimer leur sentiment d'incompréhension et leur peine quand ils se sentaient dominés, ils refoulaient leur souffrance et s'en défendaient par l'interprétation, sans savoir que cette réaction défensive représente aussi une forme de pouvoir sur l'autre. En effet, en interprétant leur conjoint, chacun s'arrogeait inconsciemment le droit de décider des intentions qui sous-tendaient ses choix, ses actions et ses paroles.

Pour se respecter dans une telle situation, ils devaient d'abord s'occuper de l'enfant blessé en eux en lui permettant de se libérer de sa peine dans l'ici et maintenant de chaque situation, c'est-à-dire au moment où ils étaient interprétés et où ils se sentaient incompris. Tant qu'ils ont ignoré leur blessure et refoulé leurs émotions dans les situations présentes, ils ont adopté des comportements défensifs qui ont nui à leur relation amoureuse.

C'est pourquoi Ginette et Laurier ont choisi la thérapie relationnelle. Ils savaient, pour en avoir entendu parler, qu'ils y apprendraient à mieux se connaître et à mieux se parler. En présence de Laurier, Ginette a touché à sa souffrance d'enfant blessé par un père violent et une mère manipulatrice, et elle a beaucoup pleuré. Laurier a été tellement rejoint intérieurement par elle qu'il a pu, après l'avoir écoutée avec attention, libérer la douleur causée par sa propre impuissance d'enfant qui avait grandi avec des parents qui le contrôlaient dans tous les domaines de sa vie. Les deux ont compris qu'ils reproduisaient, notamment au moyen de l'interprétation, le système de pouvoir qu'ils avaient connu et intégré dans le passé.

Cela ne signifie pas qu'ils ont brisé ce système relationnel du jour au lendemain. Cependant le travail thérapeutique leur a appris à renoncer petit à petit à leur ascendant sur l'autre quand ils étaient blessés. De plus, par l'expression de leurs émotions et de leurs besoins dans l'ici et maintenant de leur vie de couple, ils ont récupéré le pouvoir sur leur

PRENEZ SOIN DE VOUS

vie. Dans un premier temps, la prise de conscience de leur vécu, de leur blessure et de la manière dont ils s'en défendaient leur a donné la capacité de revenir à eux. Toutefois, c'est surtout le fait d'avoir libéré une grande partie de leur souffrance refoulée en face à face, dans l'ici et maintenant de la relation d'aide, qui a permis de dénouer la situation. Ils ont alors compris de l'intérieur, le septième petit secret de l'amour de soi.

**Septième petit secret
pour prendre soin de vous**

**Dans les situations difficiles de votre vie à deux,
ne laissez pas votre amoureux vous interpréter
en décidant de vos intentions et de vos émotions,
et en déformant les faits à son avantage
lorsqu'il est dérangé
par vos paroles ou vos comportements.**

**Demandez-lui plutôt de vous exprimer ses malaises
et ses besoins et agissez de la même manière avec lui.**

**Vous éviterez ainsi de nombreux conflits
et vous vous sentirez probablement plus écouté
et mieux compris.**

Il est fondamental pour moi d'ajouter que la recherche, dans le passé, de la cause de vos souffrances et de vos conflits ne suffit pas à les résoudre. Elle permet de comprendre pourquoi vous blessez l'autre et pourquoi vous êtes blessé par lui, mais à elle seule, la compréhension ne règle rien. Bien au contraire, elle peut conduire à la « victimite » si elle n'est pas dépassée. Ce qui favorise la réconciliation et fait renaître l'amour de soi et l'amour de l'être aimé, c'est la relation présente. C'est dans l'ici et maintenant que se libèrent les souffrances du passé réveillées par les défensives de chacun des partenaires du couple. Autrement, les blessures restent enfoncées dans votre caverne intérieure, vous blessent à votre insu et nuisent à votre relation.

En développant la connaissance de vous-même et en apprenant à exprimer sans défensive la souffrance des blessures passées réveillées par votre conjoint dans l'ici et maintenant, une libération se produit naturellement. Par cette communication authentique, vous vous rapprochez l'un de l'autre par le cœur. C'est donc ce type de communication qu'il faut intégrer. Elle est très efficace parce qu'elle prend racine dans l'amour de soi. Elle est donc un outil inestimable de réussite de la relation amoureuse. Grâce à elle, vous apprendrez à vous écouter, à vous connaître et à vous exprimer dans le respect de vous-même et de votre amoureux lorsque l'un de vous tente d'étiqueter l'autre, de l'interpréter ou lorsqu'il nourrira des attentes par rapport à lui.

8. Affranchissez-vous de ses attentes

Georges a épousé la femme de ses rêves. Il se vantait d'avoir trouvé en Marie-Hélène tout ce que représentait pour lui l'idéal féminin. Il la traitait comme une reine. Au début de leur relation, Marie-Hélène trouvait cette attitude très agréable. Le couple était parfaitement heureux jusqu'au jour où Georges a descendu Marie-Hélène du piédestal où il l'avait placée. Ce jour-là, celle-ci avait réagi par le rejet face à son attitude d'amoureux envahissant. La femme idéale a perdu son auréole en se montrant telle qu'elle était. Marie-Hélène n'était ni une reine ni un objet d'adoration, mais une personne humaine normale qui ressentait parfois des émotions désagréables et qui s'en défendait. Profondément déçu, Georges lui a reproché d'avoir trahi ses attentes.

**Tenter de répondre aux attentes de votre conjoint
à votre détriment, c'est manifester
un manque profond de respect de vous-mêmes
et c'est donner à votre conjoint le pouvoir
d'essayer de vous changer
quand vous déclenchez des malaises en lui.**

**En fait, les attentes viennent
soit de l'idéalisation, soit d'une difficulté
à assumer la responsabilité d'un vécu désagréable.**

Le récit suivant le démontre bien.

Linda a envoyé par Internet à son amoureuse un texte qui traitait d'un sujet d'actualité sans ajouter de commentaire. Celle-ci a répondu à Linda en lui disant qu'elle « aurait dû » donner son opinion, qu'elle « aurait dû » expliquer la raison de l'envoi de ce message et qu'elle « aurait dû » exprimer son vécu par rapport au contenu de l'information. Très en colère, Linda a d'abord eu envie de réagir défensivement par le sarcasme et de répondre ceci à Éloïse : « *Je suis désolée de ne pas avoir répondu à tes attentes. Pourrais-tu, s'il te plaît, me faire une liste des comportements que je devrais adopter pour être correcte à tes yeux?* » Lorsqu'elle a pris conscience de son mécanisme de défense et sachant qu'il sert de porte d'accès à son monde émotionnel, elle a compris que sa colère cachait une profonde souffrance refoulée causée par un manque d'amour d'elle-même.

Dans sa précédente relation de couple, Linda avait tenté pendant 10 ans de répondre aux attentes de France, sa conjointe de l'époque, sans jamais la satisfaire. Quand France l'a quittée sous prétexte qu'elle ne correspondait pas à ce qu'elle avait cru voir en elle, Linda a eu le sentiment qu'il lui manquait quelque chose de fondamental pour être aimée.

Par la suite, grâce au travail sur elle-même qu'elle a entrepris pour mieux se connaître, elle a découvert à quel point elle avait manqué d'amour et de respect d'elle-même dans cette relation. Alors, au lieu de refouler sa colère et sa peine comme elle l'avait toujours fait, elle a accueilli ces émotions comme des messages venant de l'intérieur pour lui rappeler qu'elle n'avait pas à répondre aux attentes et aux «tu aurais dû» de son amoureuse pour être aimée. Par respect pour elle-même, elle devait rester simplement ce qu'elle était.

Lorsque, plus tard, elle a parlé à Éloïse de cette situation, elle ne s'est pas excusée comme elle l'avait fait toute sa vie, même quand elle n'avait rien à se reprocher. Elle savait qu'elle n'était pas responsable du fait que son amoureuse avait été dérangée par son courriel. Éloïse a reconnu sa défensive avec elle et la raison de cette défensive : elle avait été très perturbée par le texte que Linda lui avait envoyé. Elle n'était pas du tout d'accord avec son contenu. Plutôt que d'exprimer elle-même son vécu et son opinion, elle avait reproché à Linda de ne pas l'avoir fait.

Donc, pour vous libérer des «*Tu aurais dû faire*» et des «*Tu devrais être plus ou moins ceci ou cela.*», lisez bien mon huitième petit secret.

Huitième petit secret
pour prendre soin de vous

Affranchissez-vous des attentes de votre amoureux.
Encouragez-le à vous parler de ses malaises
quand vous n'agissez pas dans le sens
de ses expectatives à votre égard
plutôt que de vous reprocher d'être ce que vous êtes.

Inversement, observez-vous
pour éviter vous aussi d'entrer la personne
que vous aimez dans le moule de vos attentes.

Vous vous sentirez alors tellement plus libre
d'être vous-même
et laisserez à votre amoureux cette même liberté.

S'il vous arrive de nourrir des attentes, ne vous culpabilisez pas. N'oubliez pas qu'il ne s'agit pas de lutter contre les réactions défensives, mais de prendre conscience de ces réactions, de vous occuper de votre enfant blessé et de vous accueillir tel que vous êtes. Pour vous aider dans ce changement, prenez le temps de faire l'exercice de réflexion suivant.

Exercice de libération des attentes

1. *Vous arrive-t-il de dire à votre conjoint qu'il « aurait dû » dire, être ou faire autrement quand vous êtes contrarié ? Dans de telles situations, que souhaitez-vous changer chez lui dans ce qu'il est, dans ses paroles ou dans ses actions ? Pour vous aider à répondre, pensez à une situation précise dans laquelle vos attentes par rapport à lui ont été déçues et voyez quels malaises en vous ont causé vos reproches.*

2. *Comment réagissez-vous lorsque votre amoureux a des attentes en ce qui vous concerne et qu'il veut vous changer ?*

   a. *Vous faites tout ce qu'il veut pour lui plaire et pour être aimée.*

   b. *Vous lui reprochez son attitude et le rejetez.*

   c. *Vous lui exprimez votre vécu, particulièrement votre colère.*

   d. *Vous lui retournez gentiment la responsabilité de ses propres malaises.*

   e. *Autres réactions.*

3. *Avez-vous tendance à rejeter les personnes que vous avez idéalisées quand elles vous déçoivent ? Si oui, voyez si vous éprouvez de la difficulté à accepter vos propres imperfections.*

Il est vrai que, par amour pour vous-même, vous devriez refuser que votre amoureux prenne du pouvoir sur vous en tentant de vous changer et en vous reprochant de ne pas correspondre à ses attentes envers vous. Cependant, il est tout aussi exact que la remise en question s'avère essentielle pour assurer la réussite de votre relation amoureuse. Une relation dans laquelle l'un des conjoints ne se remet jamais en question est très souvent

vouée à l'échec. Il est possible, par exemple, que, face aux attentes de l'autre vous réfléchissiez et que vous réalisiez votre manque d'écoute, de présence, de disponibilité, de reconnaissance ou de générosité à son égard. Dans ce cas, il serait bon pour vous et votre couple que vous en preniez conscience, que vous le reconnaissiez ouvertement et que vous travailliez sur vous-même pour vous améliorer. **Vous respecter ne signifie pas devenir égoïste et ne penser qu'à vous.** Un des avantages de la vie à deux consiste à favoriser la connaissance de vous-même et le travail sur vous, en plus de vous apprendre à vivre en harmonie avec les autres. Elle aide de surcroît à trouver un équilibre entre le respect de soi, le respect de l'autre et le respect de la relation.

Vous comprenez sans doute maintenant pourquoi j'insiste tant sur le travail sur soi et la connaissance de soi comme moyens de prendre soin de vous avec discernement dans votre relation amoureuse.

**Plus vous accepterez de vous remettre en question,
moins vous serez victime de votre conjoint
et plus vous serez en mesure
de reconnaître votre part de responsabilité
dans vos conflits.**

**De plus, plus vous saurez qui vous êtes,
moins vous donnerez à votre amoureux
le pouvoir de vous changer
et moins vous le contrôlerez.**

Le pouvoir que vous acquerrez aussi sur votre vie vous rendra libre intérieurement et vous permettra de ne plus jamais vous trahir.

9. Ne vous trahissez jamais

Johanne critiquait constamment son mari en son absence, dans sa famille, avec ses amis et au travail. Très inconfortable avec son comportement défensif, je lui ai exprimé un jour mon malaise et ma peur qu'elle dise aussi du mal de moi quand je n'étais pas là. J'ai ajouté que je me sentirais très malheureuse et trahie si mon conjoint me dénigrait à mon insu plutôt que de régler avec moi ce qui me concernait et concernait notre relation.

J'étais fière de mon honnêteté envers elle et fière d'avoir réussi à lui exprimer mes malaises sans être défensive. En fait, j'avais parlé de moi et non d'elle. Cette fierté m'a fait mesurer le chemin parcouru pour rester fidèle à moi-même. Combien de fois me suis-je tue dans de telles circonstances par peur de déplaire? Combien de fois ai-je même critiqué aussi alors que je me sentais mal à l'aise dans ce comportement?

Par peur du conflit, par crainte de déplaire et par manque d'estime de moi, je me suis souvent manqué de respect dans mes relations affectives. Je me suis trahie à de nombreuses occasions :

- en disant « oui » alors que je pensais « non » ;
- en m'occupant des besoins des autres avant de satisfaire les miens ;
- en niant mes besoins pour éviter de m'en occuper ;
- en n'écoutant pas mon ressenti et mon intuition ;
- en agissant pour éviter de vivre tout sentiment de culpabilité alors que je n'avais aucune raison de me sentir coupable ;
- en acceptant de me laisser responsabiliser alors que je n'étais pas responsable ;

- en me plaçant en position de victime, ce qui me condamnait à l'impuissance ;
- en me taisant alors que j'aurais dû m'affirmer pour rester en accord avec moi-même ;
- en laissant les autres me définir, m'interpréter, me manipuler et me contrôler ;
- en pardonnant trop souvent, dans la négation totale de mes blessures ;
- en tentant de répondre à l'idéal qu'on attendait de moi ;
- en accordant de nouveau ma confiance à quelqu'un qui m'avait trahie, alors qu'au fond de moi-même, j'avais perdu cette confiance ;
- en fréquentant des personnes qui ne me convenaient pas pour ne pas les blesser ;
- en ne posant pas mes limites ;
- en ne faisant pas respecter mon territoire ;
- en n'exprimant pas mes désaccords ;
- en demeurant un témoin silencieux devant l'injustice ;
- en tolérant avec trop de patience ce que je n'ai pas eu le courage d'empêcher ou d'interdire.

Contrairement à l'acceptation, la tolérance n'est pas toujours positive. Tolérer, c'est endurer ce qu'on n'approuve pas ou ce qu'on trouve désagréable ou injuste, alors qu'accepter, c'est accueillir volontiers ce qui est. Quand vous « tolérez » quelque chose ou quelqu'un, très souvent vous vous trahissez ; vous réprimez votre vécu et vos besoins ; vous manquez d'amour de vous-même. **L'autotrahison est la plus grande preuve du manque de respect de soi.** Quand vous vous trahissez, vous cessez d'être vous-même. Prendre soin de vous dans votre relation amoureuse nécessite impérativement une prise de conscience de vos manières de vous trahir et un travail sur vous-même qui mène au changement.

Exercice de prise de conscience de l'autotrahison

1. *Relisez la liste de la page précédente concernant les différentes façons de s'autotrahir et cochez celles qui vous décrivent dans votre relation amoureuse.*

2. *Choisissez la plus importante, c'est-à-dire celle qui manifeste le plus grand manque d'amour de vous-même.*

3. *Remémorez-vous une situation précise dans laquelle vous vous êtes trahi de cette manière dans votre relation de couple.*

4. *Voyez si ce comportement d'autotrahison se répète avec votre conjoint et avec d'autres personnes.*

5. *Identifiez vos peurs et vos besoins dans le présent contexte.*

6. *Affirmez-vous sans blâmer votre amoureux, mais plutôt en lui confiant vos craintes et vos besoins.*

7. *Observez-vous pour éviter de répéter ce fonctionnement.*

Le secret de la réussite de cet exercice réside dans le fait de ne pas perdre de vue les avantages que vous tirerez à le mettre en pratique :

- vous apprendrez à vous connaître davantage ;
- vous vous témoignerez plus de respect ;
- vous deviendrez plus authentique ;
- vous vous donnerez plus d'importance dans votre relation amoureuse ;
- vous développerez une plus grande confiance en vous ;
- vous serez fier de vous ;
- vous vous sentirez libre d'être vraiment qui vous êtes ;

- vous ressentirez une grande paix ;
- vous aurez la sécurité de savoir que votre conjoint vous aime tel que vous êtes ;
- vous éprouverez beaucoup plus de respect pour la personne que vous aimez ;
- votre relation amoureuse reposera sur des fondations solides et ne vacillera pas au moindre obstacle et à la moindre contrariété ;
- vous serez plus heureux.

Tous les moyens proposés jusqu'à maintenant dans cet ouvrage pour prendre soin de vous dans votre relation amoureuse sont importants et méritent votre attention. Cependant je vous encourage à accorder un soin particulier à l'autotrahison. Les bienfaits que vous retirerez de votre investissement sont trop nombreux pour que vous limitiez celui-ci à une simple lecture de ce thème trop souvent négligé quand il est question du respect et de l'amour de soi.

**N'oubliez jamais
qu'il est des moments dans la vie où,
pour ne pas vous autotrahir et par amour de vous,
il faut prendre le risque de perdre
plutôt que de vous perdre.**

C'est donc dire que mon neuvième petit secret d'amour de soi revêt une importance capitale dans la réussite de votre relation amoureuse.

> **Neuvième petit secret
> pour prendre soin de vous**
>
> **Ne trahissez jamais votre vérité profonde
> et votre nature véritable pour être aimé
> ou pour éviter de déranger votre conjoint.**
>
> **N'oubliez pas que la seule façon d'attirer l'amour vrai
> consiste à agir constamment par amour pour vous-même.**

Sachez que les petits manques de respect de vous-même dans le quotidien mènent au manque de respect de l'autre à votre égard, à des séparations ou à des relations dans lesquelles l'ennui et le conflit remplacent l'amour vrai. Si vous accumulez les petites autotrahisons, vous risquez un jour ou l'autre d'attirer une grande trahison de la part de celui ou de celle que vous aimez. Acceptez de perdre la fausse harmonie pour un temps ; acceptez de perdre l'image du conjoint idéal pour quelques minutes ou quelques heures, mais ne vous perdez pas. Choisissez-vous chaque jour et, pour cheminer plus en profondeur dans le respect, choisissez aussi consciemment d'intégrer à votre vie la dimension spirituelle.

10. Intégrez à votre vie la dimension spirituelle

Je crois de plus en plus que la plus juste expression de la présence de la spiritualité dans nos vies réside dans l'amour que nous avons pour nous-mêmes.

> **Notre première mission sur terre
> est d'apprendre à nous aimer
> tels que nous sommes
> pour pouvoir aimer les autres
> tels qu'ils sont.**

**L'intégration de la dimension spirituelle à nos vies
se résume donc en un seul mot :**

AMOUR.

Cette vérité s'applique à tous les êtres humains quels que soient leurs croyances, leur race, leur origine, leur statut social, leur condition financière, leur état civil, leur savoir, leur diplôme, leur apparence, leur religion. Une fois que nous avons compris cela, nous cessons de chercher la voie du bonheur parce que nous l'avons trouvée.

La compréhension dont je parle ici est d'un autre ordre que celle qui résulte de la connaissance rationnelle. Comprendre notre mission par rapport à l'amour et comprendre que nous sommes AMOUR ne s'arrête pas au seul fait de « savoir ». Ce n'est que lorsque ce savoir descend au niveau du cœur et de l'âme qu'il peut devenir notre moteur de vie. Ce passage de la tête au centre de nous-mêmes ne se produit que si nous décidons de nous ouvrir à l'invisible en nous. Tant que nous gardons la conviction que rien n'existe en dehors de la matière et du mental, nous n'avons pas accès à cette dimension. Quand la transition de la tête au cœur s'opère, nous sommes fortement touchés. Parfois elle nous apparaît comme une révélation et elle s'accompagne d'un sentiment de bien-être et de paix profonde. Nous saisissons alors spontanément ou subtilement de l'intérieur que nous sommes essentiellement AMOUR, comme si une lumière surgissait soudainement dans les ténèbres qui emprisonnent notre âme.

Ce que je viens d'affirmer ne présente ici aucun caractère magique ni ésotérique. Tout le monde, croyant ou non, vit un jour ou l'autre cette expérience de saisir intérieurement une connaissance qu'il porte depuis longtemps dans son mental. Qui, par exemple, n'a pas été ébranlé profondément par la pureté du regard d'un enfant, même s'il savait rationnellement que l'enfant se caractérise par une candeur, une innocence que, malheureusement, il perd en vieillissant? Qui, croyant tout savoir à propos des conséquences sur ses relations affectives de la trahison, de l'abandon, de l'humiliation, n'a pas été saisi de l'intérieur lorsque la souffrance causée par ces blessures a traversé son cœur? Qui n'a pas jugé, par exemple, la nature pessimiste et la tendance à l'isolement d'une personne dépressive, jusqu'au jour où, à la suite d'un grand bouleversement personnel, il a perdu lui-même sa joie de vivre et son envie de rencontrer ceux qu'il aime? Cela illustre à merveille que tout changement profond, tout apprentissage révélateur passe par notre expérience personnelle. **Alors que le «savoir» à lui seul est froid et insensible, l'expérience est indissociable du vécu, des sensations, voire dans certains cas, de l'intuition. Elle a un impact plus ou moins prononcé sur le cœur et l'âme que le corps enregistre et n'oublie jamais.**

Il en est ainsi de l'expérience de l'état d'amour qui nous constitue. Lorsque nous l'avons contacté, nous nous sentons tellement touchés, tellement remplis que nous souhaitons la revivre éternellement. Nous ne cherchons alors qu'à cultiver en nous cet état bienfaisant pour ne pas le perdre et pour le garder vivant. Il importe de se souvenir que nous l'avons puisé au cœur de l'Être.

Dans l'enfance, notre survie psychique dépendait de l'amour de nos parents et de celui de notre entourage. Puisque nous avons tous vécu des manques sur ce plan, nous passons bien inconsciemment une grande partie de nos vies à chercher des personnes susceptibles de combler ces manques. Sans nier l'importance de notre besoin d'amour, besoin que nous éprouvons tous en tant qu'êtres incarnés, il n'en reste pas moins que, tôt ou tard, nous réalisons à travers nos expériences affectives que personne ne peut combler ces insuffisances indéfiniment et complètement. Tant que nous n'avons pas fait cette prise de conscience, nous dépendons de l'amour des autres pour exister et pour être heureux. Autrement dit, **tant que nous n'avons pas accepté que l'amour des autres est limité par leurs propres manques, nous nous débattons dans l'espoir de rencontrer enfin la personne qui satisfera tous nos besoins et comblera toutes nos carences.** Cet espoir étant constamment déçu chez plusieurs d'entre nous, la vie nous place un jour à la croisée des chemins. À ce moment-là, le choix s'offre à nous, entre la route de la résignation ou celle de la création. En d'autres mots, nous pouvons soit endurer notre mal le reste de nos jours et nous en plaindre, soit nous ouvrir à une autre forme d'amour qui n'est pas une émotion, mais un état intérieur durable, stable, voire permanent.

Nous n'avons pas à créer cet état, car il est ce que nous sommes au plus profond de nous-mêmes. Il ne se manifeste que si nous nous ouvrons à lui et cessons de nous acharner pour trouver le conjoint inaccessible et parfait qui devinera et comblera tous nos besoins et nous rendra enfin heureux. Si nous abandonnons le projet de devenir parfait, si nous acceptons de lâcher prise et de prendre contact avec notre être intérieur, cet état se révèle à nous. Le silence, la méditation ou la contemplation de la nature et de la beauté qui nous entourent contribuent à nous y mener. Tant que nous nous laissons posséder uniquement par le monde extérieur et par le mental, cette expérience demeure pour nous inaccessible. Pour la vivre, nul besoin de croire en Dieu. Toutefois, il est essentiel de placer notre corps dans un état de profonde quiétude, grâce à la relaxation et de calmer le flot continu de nos pensées par la méditation. Ceux qui donnent à la raison tous les pouvoirs et la voient comme le seul maître absolu de leur vie ne pourront jamais connaître la paix que procure le contact avec l'Être intérieur. L'expérience de la présence de l'amour immuable restera pour eux inconcevable.

Je crains que mes propos paraissent abstraits ici. C'est d'ailleurs pour cette raison que j'ai écrit un guide [9] pratique et concret sur le thème du lâcher-prise qui a pour titre « *Les 7 étapes du lâcher-prise* ». Je sais par expérience que le contact avec l'amour qui me constitue, quand je lâche prise, peut être apaisant, rassurant, nourrissant et régénérateur, particulièrement dans les moments ardus de ma vie. Je sais à quel point cette démarche, que je qualifie de « spirituelle » sans être nécessairement « religieuse », peut, dans l'ici et maintenant, combler des carences causées par mes manques affectifs et par le manque d'amour de moi. Cependant je n'ai pu accéder à cette partie profonde de moi du jour au lendemain. J'ai dû apprendre que prendre soin de moi en relation, c'était me réserver des moments de solitude pour arrêter, pour relaxer, pour me reposer, pour m'intérioriser, pour lâcher prise et cesser de tout vouloir contrôler, même l'incontrôlable J'ai dû apprendre à intégrer la dimension spirituelle à ma vie, et ce, sans nier mes autres dimensions.

Certains croient que l'intériorisation et le contact avec l'être intérieur ne sont réservés qu'à une certaine catégorie de gens, à ceux que l'on nomme « les appelés » ou « les élus ». Cette vision est erronée parce que, en ce domaine, nous sommes tous « appelés ». Nous avons tous accès à la

---

9   Portelance, Colette. *Les 7 étapes du lâcher-prise*. Les Éditions du CRAM, Montréal, 2009, 130 pages.

voie qui mène vers l'intérieur de nous-mêmes. Il s'agit, je le répète, de choisir d'emprunter cette route et de passer à l'action. Pour ce faire, les moyens que j'utilise dans mon quotidien, selon mes besoins, les situations ou mon ressenti, vous seront aussi, grâce à leur simplicité, facilement accessibles.

1. Arrêtez-vous

Quand ce ne serait que pour dix secondes, cessez quelques fois par jour toute activité intellectuelle, manuelle ou professionnelle pour calmer l'état de fébrilité dans lequel se trouve votre corps. Prêtez attention à votre respiration sans la changer, et demeurez totalement inactif. Vous verrez que le calme s'installera en vous et vous ressentirez une paix bienfaisante.

Répétez cet exercice le plus souvent possible. Il sert de point de départ et de fondement à tous les suivants. Commencez maintenant. Arrêtez-vous tout de suite. (...) Refaites l'exercice tous les jours, jusqu'à ce que vous en ressentiez ses bienfaits. Quand vous l'aurez bien intégré à votre vie, ajoutez ceux qui suivent, selon votre ressenti du moment.

2. Marchez dans la nature

Efforcez-vous de sortir et d'aller marcher dans la nature. Quand vous y serez, arrêtez-vous et restez présent. Si vos pensées vagabondent, prenez-en conscience et revenez à votre environnement. Contemplez sa beauté ; écoutez sa musique et humez l'air, le vent, les odeurs. Laissez-vous imprégner du bien-être intérieur qu'elle vous procure quand vous lui accordez votre attention. Expérimentez son pouvoir de vous contacter avec ce qu'il y a de plus beau en vous. Pratiquez cet exercice et le suivant le plus souvent possible.

3. Écoutez de la musique

Encore ici, vous devez d'abord vous arrêter, vous asseoir et fermer les yeux. Choisissez un morceau de musique qui favorise l'intériorisation et écoutez-le en vous centrant sur son effet bénéfique. Il existe certains compositeurs et certains chanteurs dont la musique et la voix réveillent ce qu'il y a de meilleur en nous. C'est ce que produisent en moi, notamment, les concertos brandebourgeois de Bach, le Messie de Handel, les voix du groupe « The Priests » et celles, a capella, de « Les Sœurs ». Quand je prends le temps de m'arrêter, elles me transportent directement de l'extérieur vers l'intérieur. D'ailleurs, la raison pour laquelle vous appréciez tant un bon concert est que, lorsque vous y assistez, vous interrompez complètement vos pensées et vos actions, et vous ne faites rien d'autre que d'écouter. Vous restez tout simplement présent à ce qui est. Hier justement, j'assistais au concert de Marc Hervieux à la Place des Arts, spectacle qu'il présentait avec l'Orchestre Symphonique de Montréal. Cela a été un moment de grâce. Quand j'en suis sortie, je me sentais centrée, en paix et remplie de gratitude pour ces heures de bonheur qui avaient nourri mon cœur et mon âme autant que peuvent le faire la méditation et la prière.

Il est important de démystifier votre rapport à la dimension intérieure et de vous libérer de vos préjugés par rapport à elle. Vous verrez alors que l'expérience spirituelle ne vous est pas inconnue et que, quelles que soient vos croyances, la vie vous offre tous les jours des moyens simples de contacter l'amour et la paix en vous. Demeurez tout simplement présent dans toutes vos actions ou dans tout ce que vous ressentez. Restez présent à ce qui vous fait du bien et orientez votre pratique d'intériorisation en ce sens. Autrement dit, trouvez vos propres moyens et mettez-les en action maintenant. Ne procrastinez pas. Vous comprendrez alors, par expérience, à quel point l'intégration de la dimension spirituelle à votre vie est d'une grande simplicité et qu'elle vous est salutaire. Arrêtez-vous aussi pour accepter ce qui est.

4. Acceptez ce qui est dans l'ici et maintenant

L'acceptation de « ce qui est » possède le pouvoir magique de procurer la paix, mais sans la résignation. Accepter, c'est « composer avec ». Combien de fois par jour peut-elle vous aider à déstresser? Quand vous attendez à la caisse de votre épicerie et que la lenteur de la caissière vous rend impatient et vous stresse, arrêtez-vous et « acceptez ce qui est », tout simplement. Cessez de vous battre avec vos pensées et votre anxiété. Cessez de vouloir contrôler. Adoptez la même attitude lorsque, en voiture, vous vous retrouvez coincé dans un embouteillage. L'acceptation de « ce qui est » s'avère un excellent moyen de lâcher prise et de vous abandonner en toute confiance à la vie. Cette acceptation s'applique autant dans les grandes comme dans les petites situations. Pensez à la pratiquer lorsque vous ressentez de l'impatience, de l'impuissance ou de l'insécurité. Vous serez surpris du calme intérieur qu'elle vous apportera, un calme aussi profond que celui que vous obtenez quand vous ressentez votre corps.

5. Ressentez votre corps

Ce moyen d'intériorisation proposé par Eckart Tolle est celui que je pratique le plus souvent. Il consiste à rester présent aux sensations éprouvées dans une partie de votre corps ou dans son ensemble sans penser. C'est l'un de mes moyens de méditation privilégié. Aussi, quand je suis tendue ou fatiguée, je m'arrête, je ferme les yeux et je ressens mon front, ma figure, mon cerveau, mon cœur, mon foie, mon ventre, mes reins ou mes membres. Je ne pense plus, je ne fais qu'« être dans la sensation ». Je sens alors la détente s'installer instantanément et la paix intérieure m'habiter.

Ce dernier exercice d'intériorisation ne vous sera accessible que si votre mental n'intervient pas pour vous convaincre que « ressentir » son cerveau, son foie ou ses reins n'est pas possible. Comme « ressentir » n'est pas de son domaine, mais de celui de l'expérience, le mental n'est pas conçu pour saisir ce phénomène qui est d'un tout autre ordre que de l'ordre rationnel. Ne le laissez donc pas, au nom de sa logique implacable, vous soustraire à une pratique qui vous mènera au cœur de vous-même, là où se trouve votre source intérieure de paix, de sérénité et d'amour. Faites-le taire pour un moment. Lâchez prise. Ouvrez-vous au monde de l'irrationnel et abandonnez-vous aux effets bénéfiques sur votre corps, votre cœur et votre âme, du ressenti de vos organes et de vos membres.

D'autres moyens favorisent le retour vers le dedans et le contact avec l'amour qui vous habite. Vous verrez que, avec une pratique assidue, ils se présenteront. Vous vous rendrez compte en les pratiquant, qu'une certaine transformation se produira en vous. Pour ma part, les moments de rencontre avec l'état intérieur d'amour ont contribué à me renforcer physiquement, à me nourrir spirituellement et à me guérir psychiquement. Parce que je suis humaine, ils n'ont pas supprimé mes besoins d'être aimée. Par contre, ils les ont apaisés, car ils ont augmenté et fortifié l'amour de moi. Ce qui est merveilleux, c'est que, dans ces périodes d'intériorisation, je réussis la plupart du temps à demeurer en harmonie avec tout ce qui fait partie de moi, y compris mes faiblesses.

Cela me rend plus acceptante vis-à-vis des faiblesses des autres.

La meilleure manière de mesurer votre degré d'amour pour vous-mêmes consiste à vous observer dans vos relations affectives, spécialement dans celle que vous entretenez avec votre amoureux. Votre capacité grandissante à accueillir sincèrement sa différence, ses mécanismes de défense, ses émotions, ses choix, ses opinions sans nier votre vécu et vos propres besoins et sans le juger, représente la meilleure preuve que, grâce au contact avec l'amour en vous, vous avez appris à vous aimer tel que vous êtes. C'est, je le répète, le secret du bonheur véritable.

**Dixième petit secret
pour prendre soin de vous**

**Vous pourrez difficilement trouver
une satisfaction à vos besoins d'être aimé
dans votre relation amoureuse
si vous négligez d'intégrer à votre vie quotidienne
votre dimension intérieure.**

**Tant que vous n'aurez pas vécu l'expérience
de ressentir l'Amour au cœur de votre être,
vous serez comme un mendiant
assis sur une caisse remplie de diamants
qui ne sait pas qu'il est riche
parce qu'il ne l'a jamais ouverte.**

Le chemin qui mène à l'amour et au respect de vous-même est rempli de petites et de grandes révélations, de petites et de grandes souffrances, de petites et de grandes joies. Il passe par votre relation avec ceux que vous aimez et par votre relation avec l'état d'AMOUR qui vous constitue. Ce chemin-là, je n'ai pas fini de le parcourir. Je peux dire que l'expérience de la maladie chronique m'a amenée plus loin dans cette démarche entreprise il y plusieurs années concernant l'amour de moi. Malgré le support, l'amour, l'aide et l'écoute de mes enfants et particulièrement de mon conjoint qui a été, je dois le dire, véritablement extraordinaire, j'ai été confrontée à un manque d'autonomie qui m'a profondément déstabilisée. L'amour de ceux que j'aime m'a servi de pilier dans ces moments difficiles. En écrivant ces lignes, je ressens une ardente gratitude envers eux pour tout ce qu'ils m'ont apporté d'indescriptible. Cependant, malgré le bien et le bonheur que j'en ai retiré, ce support et cet amour ne m'auraient jamais comblée si je ne les avais pas complétés, au moyen de l'intériorisation, par le contact quotidien avec l'AMOUR qui m'habite.

Que vous soyez, comme moi, les personnes les mieux entourées du monde affectivement, vous constaterez un jour que, dans la souffrance, il y a toujours des moments où vous vous sentez seuls. Ceux que vous aimez, particulièrement votre conjoint, demeurent incapables de combler vos besoins malgré leur amour et malgré leur désir profond de vous aider. Dans ces moments-là, et plus précisément dans vos moments d'impuissance à résoudre les difficultés rencontrées dans votre relation amoureuse, le contact avec l'état d'amour s'avère essentiel. N'oubliez pas que ce contact vous est accessible si vous optez pour le choix régénérateur d'arrêter vos activités quelques minutes par jour pour garder le silence et pour rester présent à votre être intérieur. Non seulement cette pratique renforcera l'amour de vous-même par le simple fait que vous prenez du temps pour vous, mais elle contribuera à augmenter votre intuition et votre ressenti. Vous serez alors guidé de l'intérieur dans vos choix et vos décisions, surtout dans le choix de toutes vos relations.

11. Choisissez vos relations

« *Aime ton prochain comme toi-même*, » disait Jésus à ses disciples. Cela signifie-t-il que, au nom de l'amour, vous devez entrer en relation avec tout le monde et fréquenter aussi les personnes qui vous causent du tort et qui ont sur vous une influence néfaste ? Pas du tout. Ce que vous dit Jésus – et cela n'est pas une question de croyance religieuse –, c'est qu'**il est essentiel de vous aimer suffisamment vous-même pour choisir des relations qui vous aident à grandir intérieurement et un entourage bénéfique pour vous.**

Votre plus grand pouvoir comme être humain est celui du choix. Même confronté à l'impuissance, vous avez toujours la possibilité de choisir entre la résignation, la lutte et le lâcher-prise. Quand vous affirmez que vous n'avez pas le choix, c'est tout simplement que vous avez « choisi » de ne pas « choisir », parce que vous avez peur ou que vous vous sentez coupable. Dans ces cas-là, vous laissez les événements et les autres diriger votre vie et, lorsque tout ne se déroule pas comme vous le voulez, vous vous placez probablement en victime.

Le fait que le pouvoir du choix s'accompagne toujours de la responsabilité explique pourquoi plusieurs personnes préfèrent ne pas arrêter de choix plutôt que d'user de ce pouvoir qui leur est octroyé. Devenir responsable de leur vie signifie pour ces personnes qu'elles ne peuvent plus blâmer les autres pour leurs déceptions, leurs frustrations et leurs malheurs. Elles doivent en assumer la responsabilité.

Parfois, je le concède, il est extrêmement difficile de procéder à des choix, spécialement quand il s'agit de choisir nos relations personnelles et notre relation de couple. Prisonniers de la peur, de la culpabilité et des « il faut que... », nous nous sentons très mal à l'aise de prendre une distance par rapport à certaines personnes, même si cette distance est justifiée. Si c'est votre cas, il sera très utile de vous rappeler la condition indispensable pour que vos choix soient justes : ils doivent impérativement être faits par amour pour vous-même et non parce que vous avez peur de déplaire ou de blesser, ou que vous voulez vous venger. Il ne s'agit aucunement de rejeter, de punir, de juger les autres ou de vous placer en « supérieur » par rapport à eux, mais de vous choisir vous-même de façon à pouvoir discerner ce qui convient à votre évolution et à votre bonheur, et ce qui ne vous convient pas.

Comment savoir si vos choix concernant les attitudes à adopter dans vos relations sont effectués d'une manière juste et non défensive ? Si vous agissez par amour de vous-même, vous en arriverez avec le temps à ressentir aussi de l'amour pour la personne vis-à-vis de laquelle vous prenez une distance. Vous n'éprouverez aucun ressentiment ni aucun désir de vengeance par rapport à elle. Vous agirez « pour » vous et non « contre » elle. L'expérience suivante vous aidera à le comprendre.

La relation de Patricia avec son mari au travail la perturbait profondément, au point qu'elle souffrait souvent d'insomnie quand elle pensait aux événements de la journée. Il l'humiliait régulièrement devant les autres par des paroles particulièrement sarcastiques. Patricia avait tenté à plusieurs reprises de lui parler pour lui exprimer ses malaises et pour connaître la raison de son comportement défensif. Chaque fois, il niait les faits, versait dans la moquerie et la traitait de paranoïaque.

Devant l'échec de leur communication, elle a décidé de chercher en elle, ce qui la blessait autant dans le comportement de Marc et pourquoi elle se sentait si impuissante à réagir. Elle a découvert que les paroles de son conjoint l'atteignaient dans des blessures créées dans l'enfance par ses parents, des blessures causées par l'humiliation, la dévalorisation et le rejet. Elle a compris qu'elle perdait son pouvoir devant ces déclencheurs parce qu'elle était alors aux prises avec une intensité émotionnelle dont elle avait souvent trop honte pour l'exprimer. Pour se protéger, et puisque son mari refusait catégoriquement de s'investir pour en parler, elle a choisi, après de longs mois de recherche intérieure, de conserver une distance par rapport à lui en changeant de département au travail. Elle savait qu'elle avait besoin de s'entourer de personnes « acceptantes » qui, par leur attitude, contribueraient à panser ses blessures plutôt qu'à les réveiller continuellement.

Entendons-nous bien. Patricia n'a pas agi « contre » Marc et ne l'a pas critiqué non plus. Elle a fait ce choix conscient par amour pour elle-même. Par la suite, comme la communication restait bloquée entre elle et lui, elle lui a expliqué qu'elle manquerait de respect d'elle-même si elle poursuivait sa relation avec lui dans de telles conditions. Elle souffrait trop de ses « non-dits ». Son insécurité, déclenchée par les silences et les paroles sarcastiques de son mari, la rendait tellement malheureuse qu'elle préférait risquer de le perdre plutôt que de se manquer de respect.

Comme il ne voulait pas la perdre, Marc s'est finalement exprimé. Il lui a avoué qu'il cherchait à la rabaisser aux yeux des autres parce qu'il était jaloux de sa compétence, de son leadership et du respect qu'elle s'attirait de ses collègues. Il a ajouté qu'il se sentait tellement honteux de ses sentiments qu'il était très pénible pour lui de se dévoiler à elle. Il était très ému quand il lui a montré le fond de son cœur.

Enfant, il avait utilisé le sarcasme pour se sortir de situations humiliantes et pour se défendre contre le manque d'affection de ses parents à son égard. L'attention de ses collègues pour Patricia lui rappelait l'importance que son père et sa mère accordaient à son frère cadet, attention dont il ne bénéficiait pas. Il avait jalousé et haï ce frère et, aujourd'hui, il ressentait les mêmes émotions par rapport à son épouse, quand elle était reconnue et que lui ne l'était pas. Pour se défendre, il avait adopté avec elle le même type de comportement acerbe que dans le passé.

Cette conversation et le choix de Patricia de changer de département au travail les a beaucoup rapprochés. Ainsi Marc n'était plus déclenché par elle dans ses blessures et elle ne l'était pas non plus dans les siennes. De plus, ils éprouvaient maintenant plus de respect l'un pour l'autre.

De cet exemple ressort clairement l'importance de l'amour de soi pour choisir de s'éloigner d'un entourage destructeur et pour se créer. Le proverbe suivant démontre bien l'impact trop souvent incontrôlable de l'influence inconsciente : « Dis-moi qui tu fréquentes, je te dirai qui tu es. » Vous savez à quel point ce proverbe s'applique bien aux enfants et aux adolescents. Si vous êtes parents, votre responsabilité consiste à vous assurer que vos enfants choisissent des amis dont l'influence leur est bénéfique, une influence en accord avec les valeurs que vous voulez leur transmettre. L'influence de l'entourage apparaît aussi évidente chez les alcooliques et les toxicomanes. Si ces personnes veulent se libérer de leur dépendance face à l'alcool ou à la drogue, elles doivent impérativement s'éloigner de leurs anciens amis et développer de nouvelles relations.

Vu l'impact de l'influence inconsciente de l'entourage et de l'environnement sur tous les êtres humains, il est clair que, dans un couple, la question du choix des relations de chacun et des relations du couple avec l'extérieur s'impose. Certains amis contribuent à conforter les conjoints dans leur engagement mutuel. D'autres sèment le doute en eux et les éloignent de leur objectif de départ qui était de construire ensemble une relation solide et durable dans le respect des différences de chacun. Je ne saurais dire à quel point ce onzième petit secret est important.

**Onzième petit secret
pour prendre soin de vous**

**Vous avez le droit et le privilège de choisir
chacune de vos relations personnelles
en fonction du bien-être qu'elles vous apportent.**

**Ne fréquentez régulièrement que les personnes
qui vous révèlent le meilleur de vous-même.**

Certaines relations vous tirent vers le bas. Vous en sortez vide, voire profondément perturbé. Ces relations vous éloignent de vous-même. Vous les entretenez souvent par peur de vous retrouver seul, d'être jugé ou de blesser. Avec ces personnes dont l'influence sur vous est néfaste, inutile d'essayer de jouer au missionnaire, de vous placer en supérieur, de tenter de les convertir à vos valeurs ou de vouloir les changer. Aimez-vous assez pour choisir des amis qui vous élèvent et non des amis qui vous rabaissent et détruisent bien involontairement vos rêves et ce qu'il y a de plus beau en vous. Entendons-nous bien. Je ne dis pas ici que vous devez vous éloigner des autres chaque fois que vous ressentez des malaises par rapport à eux. **Je ne vous encourage pas à fuir vos relations, mais à les choisir, ce qui est bien différent. Croyez-moi, aimer son prochain comme**

soi-même ne signifie pas qu'il faille fréquenter indifféremment tout le monde, mais plutôt respecter chaque personne et l'accueillir telle qu'elle est. Il y a des personnes que nous préférons garder à distance alors que d'autres, par leur présence nous font fleurir, et ce, même si parfois elles nous font aussi souffrir.

Donc, pour prendre soin de vous, je vous encourage à faire le tri dans vos relations, à bien les choisir et à décider aussi de votre degré d'investissement ainsi que de la manière de vous investir dans chacune d'elles. Choisissez aussi vos relations en tant que couple. Cela vous amènera sûrement à vous rapprocher de certaines personnes, dont votre partenaire amoureux, et à prendre un recul par rapport à d'autres. Surtout, ne jugez ni ne rejetez les personnes dont vous choisissez de vous distancier. N'agissez pas sur la défensive, mais soyez motivé par un souci d'amour de vous-même et de respect de votre engagement envers votre conjoint. L'important est de ressentir une profonde paix en vous dans chacune de vos relations. Si vous n'éprouvez pas cette paix, cela signifie sans doute que vous agissez en contradiction avec votre ressenti. Que le sentiment de paix intérieure soit votre phare et votre baromètre dans chacune de vos relations personnelles et de vos relations en tant que couple. Qu'il soit assez intense pour vous permettre de vous affirmer dans le respect non négociable de la personne que vous êtes.

Affirmez-vous

Gérald ne craignait pas de donner son opinion. Il était sûr de lui et s'exprimait naturellement d'une manière péremptoire. Dans sa relation avec Lyne, il se plaçait souvent en position de supériorité. Il lui adressait des remarques désobligeantes et lui donnait des ordres comme si elle avait été sa subordonnée. De nature réservée et plutôt docile, Lyne se taisait et refoulait ses malaises pour préserver l'harmonie familiale. Toutefois, devenant de plus en plus inconfortable avec l'attitude de son mari, elle s'est un jour confiée à une amie, qui lui a prêté un ouvrage sur le thème de la confiance en soi. Après l'avoir lu, elle a osé réagir à une critique dévalorisante de son conjoint, en lui disant qu'elle n'aimait pas sa façon de lui parler et qu'elle n'était pas son chien. Surpris, il a rétorqué que c'était son caractère et qu'elle devait le prendre comme il était.

Comment agir dans de telles circonstances ?

**S'affirmer en relation ne signifie pas
prendre du pouvoir sur l'autre,
mais retrouver le pouvoir sur sa vie :**

- **en posant des limites claires ;**
- **en ne se laissant pas envahir ;**
- **en exprimant ses besoins.**

12. Affirmez-vous en posant des limites claires

Dans l'exemple qui précède, Lyne a manqué de respect d'elle-même en réprimant ses malaises pendant des années avec Gérald. Elle l'a laissé la dominer parce qu'elle avait peur de ses réactions. Elle craignait qu'il l'humilie davantage devant leurs enfants et qu'il l'accable davantage verbalement. Elle savait qu'il ne la frapperait jamais. Elle connaissait sa profonde sensibilité et sa générosité de cœur. Dans les moments intimes, il se montrait même capable de tendresse à son égard, ce qui n'empêchait pas Lyne de souffrir du pouvoir qu'elle lui concédait sur elle et sur sa vie. Elle se sentait totalement impuissante.

**Quand vous laissez à votre partenaire amoureux
le pouvoir de vous manquer de respect
sur une longue période de temps,
c'est comme si vous lui donniez
le sentiment d'avoir des droits acquis sur vous.**

Si vous décidez un jour de vous faire respecter, il est fort possible que, au premier abord, il ne vous reçoive pas avec compréhension et qu'il ne reconnaisse pas ses erreurs. Vous ne devez donc pas manquer de persévérance. En réalité, la capacité à s'affirmer d'une manière juste en relation résulte d'un cheminement qui répond aux exigences suivantes :

- s'exprimer sans défensive ;
- s'exprimer à partir du cœur ;
- saisir le lien entre « limites » et « conséquences » ;
- différencier la limite de la menace.

Exprimez-vous sans défensive

La première attitude à adopter dans des situations qui ressemblent à celles de l'exemple précédent est d'observer votre manière de vous affirmer sans vous juger et sans vous culpabiliser. Si vous vous exprimez défensivement par des accusations, des reproches ou des paroles culpabilisantes ou si vous adoptez une attitude de victime sans en prendre conscience, vous n'obtiendrez probablement aucun résultat satisfaisant. Rétorquer d'une manière inconsciente au jugement par le jugement, à la critique par la critique, au sarcasme par le sarcasme, au manque de respect par la « victimite » mène rarement au bien-être et à la réconciliation. Changer le système « dominateur/dominé » en « dominateur/dominateur » n'améliore pas les relations non plus. Si vous manquez d'assurance, relisez la partie de ce chapitre consacrée à la connaissance de soi et au respect de soi. Cela vous rappellera l'importance primordiale de l'acceptation totale de vous-même pour en arriver à vous respecter et à vous affirmer.

Revenons à Lyne. Contrairement aux apparences, elle n'était pas du tout victime de Gérald. Se considérer comme telle l'aurait maintenue dans l'impuissance et la plainte. En se défendant par le silence et le refoulement, elle laissait à son mari le pouvoir de continuer à la dominer. Là se trouvait sa part de responsabilité dans leur histoire.

Sachez qu'il n'y a jamais une vierge et un démon dans les relations conflictuelles de couple.

Il y a deux personnes qui entretiennent toutes les deux un système dysfonctionnel par la défensive parce qu'elles n'ont pas pris conscience de leurs blessures, de leurs peurs et de leurs véritables besoins.

Si vous vous reconnaissez dans le portrait de Lyne, vous pouvez choisir de sortir de l'impuissance en identifiant vos réactions de défense et les blessures qui les provoquent. Ainsi, sans culpabiliser votre conjoint, sans le blâmer et sans user du pouvoir malsain de la « pauvre victime », vous saurez vous affirmer en exprimant vos émotions, sans vous y complaire, et vos besoins. Si vous manquez de confiance en vous pour passer à l'action, si vous manquez de ténacité ou si vos tentatives se soldent par des échecs, décidez de consulter une personne compétente – ami, parent ou thérapeute – et acceptez de vous faire aider. L'objectif est d'en arriver à vous estimer et à vous aimer assez pour être en mesure de poser des limites claires sans défensive quand on vous manque de respect. Toutefois, pour relever ce défi, je vous le répète, vous devez impérativement :

- apprendre à exprimer vos émotions et vos besoins à partir du cœur ;
- comprendre le lien indissociable entre la limite et les conséquences ;
- saisir la différence entre une limite et une menace.

<u>Exprimez-vous à partir du cœur</u>

Évidemment vous ne devez pas poser vos limites avec votre conjoint sans d'abord lui exprimer vos malaises et vos besoins. Souvent, le seul fait d'exprimer votre vécu peut atteindre son cœur et suffire à ramener l'harmonie dans votre couple. Cependant il y a une énorme différence entre parler de vos émotions rationnellement et les exprimer en les ressentant dans l'ici et maintenant de la relation. Si, par exemple, Lyne déclare « froidement » à Gérald que son comportement la fait souffrir, elle n'aura probablement pas beaucoup d'impact sur lui. Tout au plus, elle réveillera un peu de culpabilité en lui, mais il ne sera pas assez rejoint intérieurement pour se remettre en question.

Un vécu exprimé avec la tête est reçu par la tête.

**Autrement dit,
vous aurez beau discourir sur vos émotions
avec le meilleur vocabulaire qui soit,
vous ne toucherez jamais vraiment personne
si vous n'êtes pas vous-même sincèrement touché
au moment où vous en parlez.**

Vous pouvez répéter vingt fois par jour à votre conjoint que vous l'aimez, vos mots ne le toucheront pas si vous ne ressentez pas l'émotion qui les accompagne au moment où vous les prononcez. C'est un secret de toute première importance. Combien de gens m'ont avoué que l'expression du vécu n'avait rien changé dans leur relation amoureuse. Chaque fois, c'était parce qu'ils se limitaient à s'exprimer rationnellement en restant complètement coupés de leurs émotions. Croyez-moi, **il n'y a qu'une seule manière de toucher les autres quand vous leur exprimez votre monde émotif, c'est de leur parler avec votre cœur.**

La peur de montrer votre émotion est un obstacle majeur qui a pour conséquence de provoquer la dépendance affective, c'est-à-dire l'attente que l'autre vous rende heureux. Cette peur et la honte de votre vulnérabilité vous incitent à exprimer votre vécu intérieur d'une manière plus rationnelle que sensible. L'un des avantages d'une bonne thérapie est précisément d'ouvrir la voie entre la tête et le cœur. Si vous négligez ce travail de connexion et d'accueil de votre sensibilité, vous continuerez à parler de votre vie intérieure de manière dénuée de sensibilité et vos paroles n'auront pas d'impact.

**Sachez que l'expression d'un vécu
qui vient du cœur et non de la tête
produit souvent des effets
transformateurs et guérisseurs
qui sont tout à fait remarquables en relation.**

Vous n'obtiendrez toutefois ces effets que si vous vous montrez authentiques et cohérents. Si vous utilisez les larmes pour vous plaindre, vous victimiser et pour manipuler ou si vous vous complaisez dans l'expression émotionnelle, vous n'arriverez à rien de bon, car vous serez défensifs et coupés de l'émotion réelle.

C'est donc le travail que vous accomplirez sur vous-même qui vous aidera à voir assez clair en vous pour réussir à vous livrer authentiquement, c'est-à-dire de manière que vos paroles reflètent exactement votre ressenti. N'attendez pas les situations extrêmes comme la perte d'un être cher ou une maladie grave pour vous montrer dans l'émotion. Agissez quotidiennement avec sincérité sans vous victimiser parce la « victimite » n'attire pas l'empathie et la compréhension, mais engendre plutôt l'exaspération, la pitié, la culpabilité, la colère, le mépris et, finalement, le rejet.

Plus vous vous autoriserez à vous exprimer authentiquement sans vous apitoyer sur votre sort et plus vous accueillerez votre nature sensible, plus vous vous donnerez la liberté de rester vous-même sans nier votre vulnérabilité et sans l'exacerber. Cela dit, si, à cause de vos systèmes relationnels, l'expression sincère de votre vécu et de vos besoins à partir du cœur ne suffit pas à rejoindre votre conjoint dans des situations blessantes et répétitives, vous devrez, par amour pour vous-même, trouver d'autres moyens de vous affirmer, notamment, en posant une limite claire suivie d'une conséquence.

Saisissez le lien entre limite et conséquence

Qui dit « limite » dit « conséquence ». Sur le plan relationnel, ces deux mots représentent très souvent des réalités indissociables. La limite sans conséquence ne donne malheureusement, dans bien des cas, aucun résultat durable. Pour le démontrer, revenons à Lyne et Gérald. Après avoir tenté d'exprimer sa souffrance avec le cœur, Lyne aurait pu dire à Gérald : « *Comme tu ne montres aucune sensibilité à ma peine, il est vital pour moi, pour me protéger et me respecter, que je te pose une limite claire : je ne veux plus que tu me manques de respect et que tu t'adresses à moi d'une manière oppressive et dévalorisante.* » En s'exprimant ainsi, elle aurait fait un pas important dans l'affirmation et le respect d'elle-même. Cependant, malgré ses efforts, il y aurait eu de fortes possibilités qu'elle n'atteigne pas son objectif et que Gérald retrouve rapidement ses anciennes habitudes. Pourquoi ? Parce que, pendant des années, Lyne a laissé son mari prendre du pouvoir sur elle ; l'évocation d'une simple limite ne suffirait sans doute pas pour que Gérald renonce à ce pouvoir. Si, par contre, Lyne avait ajouté une conséquence à sa demande, Gérald l'aurait probablement prise un peu plus au sérieux.

Cependant, avant de choisir une conséquence, il était essentiel que Lyne s'assure de l'assumer jusqu'au bout. Cela exigeait d'elle beaucoup de courage, une conscience claire de ses peurs pour éviter de se laisser dominer par elles et une bonne connaissance de ses besoins. Ainsi, malgré sa peur de reculer devant les jugements, les sarcasmes et les critiques de son mari, Lyne est passée à l'action. Le fait de s'accrocher solidement à ses besoins de se respecter, de s'affirmer, d'être libre intérieurement et de créer l'harmonie en elle, dans sa relation de couple et dans sa famille l'a beaucoup aidée. Elle savait que pour inspirer le respect, elle devait impérativement s'occuper de ces besoins avec constance et persévérance, et que les premiers temps seraient difficiles. Elle n'ignorait pas que sa récompense serait assurée si elle n'abandonnait pas son objectif.

C'est donc en toute conscience de son vécu désagréable que Lyne a finalement, après quelques mois de thérapie, exprimé sa limite à Gérald en ajoutant la conséquence suivante : « *Gérald, c'est tellement fondamental pour moi que tu t'adresses à moi avec respect devant les enfants que je préfère prendre mes repas avec eux avant ton arrivée et te laisser manger seul si tu ne changes pas ton comportement à mon égard.* »

Comme conséquence, elle aurait pu également choisir de partir pour un temps indéterminé, de faire chambre à part ou de refuser toute communication avec lui tant qu'il ne reconnaîtrait pas ses erreurs et ne démontrerait pas sa volonté ferme de la respecter. L'important est que cette conséquence soit proportionnée à l'ampleur du problème et qu'elle soit dictée par l'écoute du cœur. Elle doit arriver lorsque les autres moyens ont échoué, par exemple l'expression sensible du vécu et des besoins.

Il est fondamental que vous compreniez que la limite avec conséquence n'est utilisée que dans les situations de manque important de respect. Elle ne doit, en aucun cas, être un moyen de pouvoir sur votre conjoint dont vous vous serviriez à la moindre contrariété, à la moindre frustration et au moindre désaccord. La seule manière de ne pas la poser d'une manière inappropriée est de vous rappeler constamment qu'elle n'a jamais pour but de changer votre amoureux, mais de vous changer vous-même. Pour ce, vous devez comprendre que poser une limite n'a rien à voir avec le fait de proférer une menace.

Différenciez la limite de la menace

Dans l'histoire qui précède, il était fondamental que Gérald saisisse que sa conjointe ne lui faisait pas de menace. En effet, il existe une grande différence entre une limite et une menace. Quand vous proférez une menace à quelqu'un, votre but est de le changer et, dans la plupart des cas, vous ne passez même pas à l'action, ce qui n'a évidemment aucun poids. En fait, la limite est un mécanisme de protection, la menace, un mécanisme de défense. Cette dernière est de l'ordre du chantage et de la manipulation.

**Menacer,
c'est tenter de prendre du pouvoir sur l'autre
alors que poser une limite avec conséquence,**

**c'est retrouver le pouvoir sur sa vie
et prendre soin de soi
plutôt que de vouloir changer l'autre.**

**Le secret de la différence se trouve
dans l'intention et l'honnêteté avec soi-même.**

En effet, Lyne devait être fondamentalement honnête avec elle-même pour fixer sa limite. Si sa motivation profonde avait été de changer son mari, elle aurait pris du pouvoir sur lui en lui adressant des menaces plutôt que de s'en tenir à une limite. Or, comme elle voulait retrouver l'amour et le respect d'elle-même, et qu'elle souhaitait récupérer le pouvoir sur sa vie, elle ne nourrissait aucune attente par rapport à lui. Elle ne comptait que sur elle-même parce qu'**elle avait assumé, avant de s'affirmer, qu'elle était prête à le perdre plutôt que de continuer à se perdre.**

Vous voyez, à travers ces explications, que l'affirmation de soi demande suffisamment d'amour et de respect de soi-même pour ne plus se trahir. Le véritable choix d'accepter de perdre, ce n'est pas l'autre qui le fait, mais vous. Ce choix vous devez l'arrêter avant même de poser votre limite avec sa conséquence. Si ce choix intérieur manque de fermeté et que vous gardez des attentes par rapport à votre conjoint, cela signifie que vous n'êtes pas prêt à passer à l'action. Dans ce cas, attendez. Effectuez d'abord ce choix, sinon vous verserez dans la menace, vous perdrez votre pouvoir sur votre vie et à plus ou moins long terme, votre confiance en vous.

**Douzième petit secret
pour prendre soin de vous**

**Si vous ne vous sentez pas respecté
dans votre relation amoureuse,
affirmez-vous en exprimant d'abord votre vécu
et vos besoins d'une manière authentique.
Si cette première démarche
ne donne aucun résultat,
posez des limites claires
avec des conséquences appropriées,
sans brandir de menaces.**

Poser vos limites avec des conséquences demande beaucoup de courage et surtout énormément de persévérance. Cependant, il est des moments dans la vie où vous devez le faire pour ne pas subir les répercussions de vos refoulements pendant des mois, des années, voire jusqu'à la fin de vos jours. Croyez-moi, les effets néfastes sur votre santé physique et psychique, et sur votre relation amoureuse sont tellement lourds à porter qu'il vaut mieux vous affirmer aujourd'hui et souffrir quelque temps maintenant plutôt que d'endurer votre mal indéfiniment.

Dans votre relation amoureuse, à certains moments, vous ne pouvez prendre soin de vous autrement. Ne l'oubliez pas et passez à l'action. Rappelez-vous que votre force intérieure vous soutient et que **tout acte accompli par amour pour vous-même, sans esprit de vengeance et de pouvoir, est un acte juste et libérateur.** Lorsque vous aurez vécu l'expérience de poser vos limites claires, avec fermeté, dans le respect de vous-même, vous découvrirez que vous possédez le courage de protéger vos territoires en tout lieu et avec qui que ce soit, surtout avec votre conjoint, et ce, beaucoup plus facilement. Ainsi, vous ne vous laisserez plus jamais envahir.

13. Affirmez-vous en ne vous laissant plus envahir

Quand vous entrez en relation intime avec quelqu'un, en l'occurrence votre conjoint, vous devez être en mesure de protéger vos territoires pour éviter l'envahissement ou pour empêcher que le lien ne devienne fusionnel. Autant le sentiment chronique d'envahissement que celui d'étouffement causé par la fusion ont pour effet, à plus ou moins long terme, de rendre la relation conflictuelle, voire de la faire éclater. Quand deux personnes tombent amoureuses l'une de l'autre, trop souvent les frontières restent floues entre elles parce que, inconsciemment, elles recherchent l'état idyllique de fusion qu'elles ont connu, enfants, avec leur mère. Dans le cocon fusionnel, les soupirants trouvent satisfaction à leur besoin fondamental de sécurité. Ils ont donc tendance à vouloir tout partager et à oublier que, même si dans certains cas le partage est nécessaire, ils demeurent deux individus bien distincts. Dans d'autres cas, ils doivent donc délimiter leur territoire psychique et physique pour assurer la pérennité de leur relation.

Ne laissez pas envahir votre territoire psychique

Votre territoire psychique comprend d'abord et avant tout votre droit à la différence de vos émotions, de vos blessures, de vos besoins, de vos opinions et de vos goûts. Prendre soin de vous, c'est revendiquer cette différence.

Parfois, Norbert et Joëlle se disputaient lorsqu'ils ne vivaient pas les événements de la même manière. Un jour, quand leur fils de 17 ans est arrivé à la maison avec un tatouage sur le bras gauche, Joëlle a réagi avec colère. Elle a reproché à son fils aîné d'influencer négativement ses deux jeunes frères et d'avoir agi sans sa permission, alléguant qu'il était encore mineur. L'irréversibilité de son geste la mettait hors d'elle-même. Norbert, pour sa part, laissa parler sa conjointe sans prononcer un seul mot.

Lorsque leur fils, furieux, est monté à sa chambre, Joëlle a adressé à son mari des accusations cinglantes. Elle n'acceptait pas qu'il ne l'ait pas appuyé dans son intervention et le traita de lâche. Perturbé par l'attitude défensive de son épouse, Norbert lui a répondu avec fermeté que s'il s'était tu, ce n'était pas par couardise, mais parce qu'il ne voyait aucun mal au fait que son fils porte un tatouage. Il l'approuvait même et voyait dans ce geste une forme d'affirmation d'un adolescent qui veut devenir un homme. Il a même ajouté que son fils réalisait un rêve que lui-même avait toujours eu et qu'il n'avait jamais actualisé par peur d'être jugé. Il ne désapprouvait donc pas son fils, mais il éprouvait plutôt pour lui de l'admiration. La seule raison pour laquelle il ne s'était pas immiscé dans la conversation était qu'il ne voulait pas envenimer la discussion. Il souhaitait régler ce problème avec sa femme avant de prendre position devant leur fils.

Norbert n'a pas fait de reproches à Joëlle. Il acceptait qu'elle voie et vive la situation différemment de lui. Cependant il tenait à être accueilli dans sa manière particulière de vivre cet événement. Il ne voulait pas, par respect pour lui-même, se laisser envahir intérieurement et réprimer sa vérité profonde pour maintenir la paix. Il souhaitait exister tel qu'il était devant sa conjointe et son fils, et tenait à se faire respecter.

Après un long moment de discussion, Joëlle a finalement reconnu son impulsivité défensive. Elle a aussi reconnu qu'elle était prisonnière des « *qu'en-dira-t-on ?* ». Cependant elle a réaffirmé qu'elle détestait toute forme de tatouage et qu'elle était profondément déçue de l'attitude de son fils et très contrariée par ce tatouage. Elle aurait souhaité que son fils lui en parle avant de passer à l'action, mais elle a compris qu'il s'en était abstenu parce qu'il savait trop bien que sa mère ne l'accepterait pas. De toute manière, elle devait se rendre à l'évidence et accepter de vivre avec un enfant tatoué. Cela dit, après avoir exprimé son opinion et son vécu et avoir été bien entendue et bien accueillie par Norbert, elle se sentait plus calme et plus ouverte.

Cette dernière étape de leur communication a été très fructueuse, car chacun des deux partenaires s'était exprimé dans le respect de sa différence, sans envahir l'autre dans son territoire psychique en lui imposant sa propre manière de vivre l'événement. Réconciliés, ils ont pu, par la suite, parler authentiquement avec leur aîné qui, malgré la différence de point de vue de ses parents, s'est senti accepté. Grâce à la manière dont Norbert et Joëlle ont agi dans cette situation, le désaccord de ses parents n'a pas causé de malaises à l'adolescent. Bien au contraire, il a reçu comme message qu'il est possible de vivre harmonieusement le désaccord en communiquant authentiquement et en trouvant un point d'entente dans le respect de soi et de la différence de l'autre.

Cet exemple a pour but de vous montrer que **vous vous laissez envahir par votre conjoint dans votre territoire psychique si vous ne revendiquez pas vos besoins et vos émotions quand vous vivez les événements différemment de lui. L'un d'entre vous n'a pas raison et l'autre tort, puisque, dans de telles situations, chacun réagit à partir de son histoire personnelle.** Vous ne pouvez pas dire à l'autre qu'il n'est pas correct parce qu'il est en colère ou parce qu'il est calme. Ce serait prendre du pouvoir sur lui par l'envahissement psychique. De même, il est important que vous vous connaissiez suffisamment pour assumer et affirmer votre vécu en relation, même s'il diffère de celui de votre conjoint, et ce, sans vous sentir coupable, incorrect ou anormal. Cela dit, vous constatez sûrement encore une fois que vous ne pouvez pas délimiter votre territoire psychique sans connaissance de vous-même et sans être en mesure d'identifier vos émotions et vos besoins dans l'ici et maintenant des expériences de votre vie. Ce respect de vous s'applique aussi dans le cas de la délimitation de vos territoires physiques.

Ne laissez pas envahir vos territoires physiques

Récemment je mangeais au restaurant avec un couple d'amis et, à plusieurs reprises au cours du repas, mon ami Luc a pris de la nourriture dans l'assiette de Noémie. L'expression de sa figure me donnait l'impression qu'elle n'était pas confortable avec le comportement de son conjoint. Toutefois, incertaine de ce qu'elle pouvait vivre, je ne voulais pas tomber dans une interprétation projective de ses expressions faciales. Au moment du dessert, elle a réagi avec un rire qui m'a semblé faux. Elle a dit à Luc en haussant le ton : « *Laisse-moi au moins mon gâteau au chocolat.* »

Pendant tout le repas, j'avais été agacée par l'attitude envahissante de Luc et par la tolérance de Noémie. Il s'était servi dans son assiette sans jamais lui demander la permission. Au cours de la conversation qui a suivi cet événement, alors que je faisais remarquer à Noémie qu'elle avait exprimé sa contrariété en riant, elle m'a répondu qu'elle ne voulait pas que Luc se sente coupable et que, de toute façon cela n'avait pas d'importance. La vérité, c'est qu'elle se sentait impuissante devant ce comportement qu'il répétait fréquemment dans d'autres situations depuis le début de leur relation. Par exemple, il prenait souvent l'un de ses effets personnels sans le lui demander. Il lui arrivait même de fouiller dans son sac à main, de prendre des billets dans son portefeuille en lui disant simplement : « *Je t'emprunte 20 dollars.* » Bien qu'il le lui remettait toujours, son attitude la rendait inconfortable. Elle souffrait aussi quand il faisait le ménage sur son bureau de travail, qu'il déplaçait ses objets et les replaçait à sa façon. Il n'était pas rare qu'il s'approprie son agenda pour y inscrire une activité qu'il voulait faire avec elle, mais sans la consulter.

J'ai demandé à Noémie pourquoi elle n'exprimait pas clairement ses malaises et ses limites à Luc. Elle m'a répondu ce que j'entends souvent de la part de certains amoureux : « *Au fond, ce sont des détails. Je ne vais tout de même pas dramatiser pour des bagatelles. Je n'ai vraiment pas envie de créer un conflit pour ces insignifiances.* » Effectivement Noémie ne dramatisait pas. Au contraire, par peur du conflit, elle banalisait et refoulait sa colère chaque fois qu'elle se sentait envahie par Luc dans son territoire physique.

Comme elle, trop de gens sont absolument inconscients de l'importance de protéger leurs biens, leur espace, leurs tâches, leur temps, voire leur corps dans leur relation amoureuse.

**C'est un secret fondamental
pour assurer la survie psychique de chacun
et la réussite de la vie du couple
que les territoires individuels
soient scrupuleusement respectés.**

**Ils ne doivent jamais,
sous aucun prétexte, être violés,
à moins qu'une permission claire ait été accordée.**

Sinon, à force d'éviter les petits conflits, la personne trop souvent envahie finira par atteindre un point de saturation. Heureusement ce jour-là, au restaurant, Noémie et Luc ont pris conscience du problème et de leur part de responsabilité respective dans leur système envahisseur/envahi. Même si Luc était prêt à fournir un effort pour ne plus prendre de pouvoir sur les territoires de sa conjointe, Noémie devait absolument faire preuve de persévérance dans son affirmation pour empêcher Luc de l'envahir de nouveau dans le futur. Sans cela, Luc, j'en étais assurée, aurait éprouvé beaucoup de difficulté à changer un comportement d'envahisseur, étant donné que cette habitude était bien ancrée en lui et considérée jusque-là comme normale.

Quand j'ai revu mon amie deux mois plus tard, elle m'a avoué qu'elle avait, en effet, eu beaucoup de difficulté à se faire respecter de son mari parce qu'elle lui avait laissé le pouvoir de l'envahir pendant plusieurs années sans trop réagir. Elle avait dû en parler à une personne de confiance pour se faire accompagner, car, au cours de sa démarche, elle avait eu souvent tendance à retomber dans son mécanisme défensif de banalisation pour contourner sa peur de s'affirmer et pour éviter d'affronter la réaction de son conjoint.

Si Lyne ne s'était pas occupée de ses malaises et n'avait pas finalement délimité clairement ses territoires en posant des limites claires avec des conséquences, sa relation de couple se serait probablement détériorée, tout simplement parce qu'elle manifestait un manque flagrant d'amour d'elle-même en réprimant constamment ses émotions devant l'attitude envahissante de son mari. Ce n'est pas pour rien que j'ai mis comme le plus important secret d'une relation amoureuse réussie le respect et l'amour de soi.

**Treizième petit secret
pour prendre soin de vous**

Comprenez-moi bien.

**Si vous ne travaillez pas
d'abord et avant tout
à prendre soin de vous en relation,
la vie vous obligera à le faire.**

**Elle vous fera vivre et revivre des événements
qui vous causeront de la souffrance
tant et aussi longtemps
que vous n'aurez pas compris.**

**Donc, faites respecter vos territoires
physique et psychique sans dramatiser ni banaliser.**

Sachez que, dans la vie à deux, la banalisation de votre vécu est aussi nuisible que la dramatisation. Sans les exacerber, ne refoulez pas vos malaises. Écoutez-les pour entendre leurs messages. Ils vous inviteront souvent à vous affirmer, en commençant par identifier vos besoins pour mieux les exprimer.

14. Affirmez-vous en exprimant clairement vos besoins

L'affirmation de soi en relation n'apparaît pas toujours évidente. Elle exige un travail quotidien pour éviter de glisser dans la facilité. **Le secret de la réussite se trouve dans la constance.** Le plus colossal obstacle à cette affirmation réside dans la peur. C'est probablement la peur du conflit, la peur du jugement, la peur de blesser ou d'être blessé, la peur de la réaction de l'autre, la peur de vous sentir coupable et la peur de perdre qui vous empêchent de vous affirmer dans votre relation de couple ou qui vous incitent à le faire d'une manière défensive. Quel est donc le moyen le plus efficace de dépasser vos peurs ? À mon avis, vous réussirez :

- en les identifiant ;
- en prenant conscience de vos besoins ;
- en donnant la priorité à ces derniers sur vos craintes.

Chez les amoureux aux prises avec des systèmes relationnels destructeurs, le principal problème est que, par manque de conscience de leur vécu et de leurs blessures, chacun s'affirme par la défensive. Il en résulte les systèmes :

- abandonnique/déserteur ;
- envahisseur/envahi ;
- parent/enfant ;
- manipulateur/manipulé ;
- dominateur/dominé ;
- juge/coupable ;
- bourreau/victime ;
- sauveur/protégé ;
- supérieur/inférieur ;
- missionnaire/disciple ;
- égocentriste/allocentriste.

Le seul moyen de sortir de ces systèmes ravageurs de paix et de sérénité est la prise de conscience de ce qui se passe en vous chaque fois que vous vous trouvez en situation de conflit. De cette manière, au lieu de continuer à vous défendre inconsciemment par vos mécanismes habituels ou par la résignation, vous vous affirmerez en exprimant vos peurs, vos doutes, vos autres sentiments et en vous laissant guider par vos besoins.

Jean-François et Carole étaient coincés depuis des années dans un système manipulateur/manipulé. Pour en sortir, ils ont dû en prendre conscience et demander de l'aide à une personne bien consciente de la responsabilité respective des deux conjoints dans leurs conflits. **Le manipulateur n'est pas un monstre et le manipulé un ange, victime d'un démon malveillant. Dans une telle situation, l'intervenant doit se poser la grande question suivante : quels sont les besoins qui poussent un des conjoints à manipuler et l'autre à se laisser manipuler ?** Le fait de constater qu'ils éprouvaient exactement les mêmes besoins, mais qu'ils avaient appris à s'en défendre différemment a surpris Jean-François et Carole.

Enfant, Carole avait manqué de l'attention et de l'amour de ses parents. Laissée à elle-même à cause de l'absence de son père et de la maladie de sa mère, elle a développé avec eux le système défensif manipulateur/manipulé qu'eux-mêmes entretenaient pour satisfaire leurs besoins. Lorsqu'un couple est prisonnier d'une telle dynamique relationnelle, ils survivent à leurs manques affectifs en tentant, par toutes sortes de moyens, de les combler. Ils sont trop affectés par leurs carences et manquent trop d'amour d'eux-mêmes pour être en mesure d'aimer vraiment. Leur égocentrisme cache une souffrance de fond depuis longtemps refoulée.

Sur le plan affectif, l'enfant survit difficilement à un manque d'amour véritable. Devant l'incapacité de ses parents à lui donner cet amour, il prendra des voies détournées pour obtenir ce qu'ils ne peuvent lui fournir. Il manipulera pour obtenir de l'argent, des faveurs ou des cadeaux ou il se laissera manipuler en acceptant des biens matériels et des services. Il déplacera sur le matériel la satisfaction de ses besoins affectifs. Ce système, constamment répété et alimenté dans la relation de couple, restera insatisfaisant tant que la blessure d'abandon à l'origine de ce fonctionnement n'aura pas été identifiée et que chacun n'aura pas développé suffisamment d'amour de lui-même pour s'occuper de ses véritables besoins fondamentaux autrement qu'en manipulant ou en se laissant manipuler.

L'amour de soi en relation passe non seulement par la satisfaction des besoins psychiques, comme le montre l'exemple précédent, mais aussi par la satisfaction des besoins corporels, intellectuels et spirituels. Prendre soin de soi, c'est d'abord les identifier, mais aussi s'en occuper.

**Trop souvent, dans la relation amoureuse,
chacun attend de l'autre
comme il le faisait enfant avec ses parents,
qu'il devine ses besoins.**

Cette attente est complètement stérile.

**Il n'existe qu'une seule façon de satisfaire vos besoins,
après les avoir clairement identifiés,
c'est de vous en occuper vous-même
en formulant des demandes claires et spécifiques.**

Revenons à Carole et à Jean-François. Au lieu de manipuler son partenaire et de se laisser manipuler pour être aimé, chacun d'eux gagnerait à utiliser un moyen plus sain pour combler son propre besoin d'amour. Carole pourrait, par exemple, demander à son conjoint de consacrer du temps tous les jours ou deux fois par semaine pour communiquer avec elle. De plus, celle-ci devrait insister pour que ces moments privilégiés soient inscrits à leur agenda et respectés. Cette forme d'affirmation lui procurerait beaucoup plus de bien-être que si elle continuait à le complimenter, à le servir et à lui donner ce qu'il veut pour être aimée. D'autant plus qu'ensuite Richard risquerait de se sentir redevable et moralement obligé d'être dévoué et généreux à son égard. Cette générosité coupable ne comblerait d'ailleurs aucun des besoins profonds de Carole, parce qu'elle ne serait pas gratuite et ne viendrait pas directement du cœur.

Ainsi, pour nourrir votre relation amoureuse, vos sujets de conversation pourraient porter sur l'identification de vos besoins relationnels véritables et sur les manières dont vous souhaitez qu'ils soient comblés.

**Sachez qu'aucun être humain au monde
n'est responsable de vos besoins.**

Ceux-ci relèvent de votre entière responsabilité.

**De plus, sachez aussi qu'aucun conjoint,
même le plus amoureux, le plus attentionné
et le plus généreux qui soit
ne pourra combler tous vos manques
et satisfaire tous vos désirs.**

Comme vous, votre conjoint a ses forces, ses faiblesses et ses limites. Entourez-vous donc de bons amis pour partager votre passion des voitures, pour feuilleter les revues de mode et courir les magasins ou pour aller au théâtre, à l'opéra, à la pêche ou à la chasse si votre conjoint ne montre aucun intérêt pour ces activités.

Blanche a épousé un homme exceptionnel. Avec elle, il était d'une attention et d'une délicatesse telles que toutes ses amies l'enviaient d'avoir déniché la perle rare. Le seul problème était qu'il n'arrivait pas à exprimer ses sentiments avec des mots. Il le faisait au moyen de gestes et d'actions. Bien que très sensible, il avait honte de son vécu et ne pouvait exprimer son amour à Blanche, autrement que par l'écriture dans de très rares occasions. Elle a bien essayé de le changer, mais sans résultat. Finalement, plutôt que de se plaindre de ce manque, elle a accepté la limite de son amoureux, a porté son attention sur toutes les autres formes d'amour qu'il manifestait à son égard et lui a exprimé sa reconnaissance.

Fréquemment les conjoints ne sont pas conscients de tout ce qu'ils reçoivent de l'autre parce qu'ils mettent l'accent uniquement sur ce qui leur manque. Quoi que fasse votre amoureux pour vous satisfaire, il vous manquera toujours quelque chose, parce que l'être idéal et parfait n'existe pas. Soyez plutôt reconnaissant pour ce que votre partenaire peut vous offrir et prenez soin de vous en comblant vos besoins non satisfaits d'une autre façon avec d'autres personnes dans le respect de votre fidèle engagement avec lui.

Évidemment si vous n'êtes ni aimé, ni respecté, ni valorisé, ni libre, ni écouté, ni accepté dans votre relation de couple, il est temps que vous vous remettiez en question et peut-être même que vous remettiez aussi en question votre relation.

Quelle que soit votre insatisfaction, affirmez-vous.

**Quatorzième petit secret
pour prendre soin de vous**

Ayez assez d'amour de vous-même
pour identifier vos besoins réels
et pour les exprimer authentiquement avec votre cœur
sans les imposer, en donnant à votre conjoint
la liberté d'y répondre dans le respect de lui-même.

Si, pour une raison ou pour une autre,
il ne peut répondre à aucun de vos besoins,
remettez-vous en question
ou remettez en question votre relation.

L'important est de prendre soin de vous d'une manière réaliste, en composant avec l'autre tel qu'il est, en n'exigeant pas de vous la perfection et en donnant à vos besoins la priorité sur vos peurs. L'exercice suivant vous aidera à vous situer par rapport à votre capacité d'affirmation dans votre relation amoureuse.

<u>Exercice d'affirmation de soi dans la relation</u>

1. *Y a-t-il un domaine de votre relation amoureuse dans lequel, par manque de respect de vous-même, vous ne vous affirmez pas?*

   - *la sexualité*
   - *l'éducation des enfants*
   - *le partage des tâches*
   - *la communication*
   - *la reconnaissance*
   - *vos rêves*
   - *vos projets*
   - *vos goûts*
   - *vos besoins*
   - *vos émotions*
   - *vos opinions*
   - *etc.*

2. *À quoi attribuez-vous la cause de ce manque de respect de vous-même et, par conséquent, de ce manque d'affirmation de vos besoins?*

   - *Vous refoulez pour maintenir la paix.*
   - *Vous vous « victimisez ».*
   - *Vous adressez des reproches, vous jugez et critiquez.*

- *Vous manipulez.*
- *Vous vous laissez manipuler.*
- *Vous n'exprimez pas votre vécu ou vous le faites froidement.*
- *Vous voulez tout contrôler.*
- *Vous lancez des menaces.*
- *Vous reprochez à votre conjoint ce que vous faites vous-même.*
- *Vous voulez le changer au lieu de vous changer.*
- *Vous ne prenez pas votre responsabilité dans cette difficulté relationnelle.*
- *Vous mettez toute la responsabilité sur votre amoureux.*
- *Vous ne travaillez pas sur vous.*
- *Vous ne délimitez pas vos territoires.*
- *Vous ne posez pas de limites.*
- *Vous posez des limites sans conséquence.*
- *Vous posez des limites avec conséquences, mais vous ne passez pas à l'action.*
- *Vous manquez de constance.*
- *Vous le prenez en charge quand il souffre.*
- *Vous vous laissez mener par vos peurs.*
- *Vous vous laissez mener par votre culpabilité.*
- *Vous tenez compte de ses besoins avant les vôtres.*
- *Vous ne vous occupez pas de vos besoins.*
- *Vous vous trahissez par manque de respect de vous-même.*
- *Autres possibilités*

3. *Quelles sont les peurs qui vous empêchent de vous affirmer?*

- *Peur de perdre?*
- *Peur du conflit?*
- *Peur du jugement?*
- *Peur de l'humiliation (moquerie, sarcasmes, dévalorisation)?*

- *Peur du rejet ?*
- *Peur de vous sentir coupable ?*
- *Peur d'être puni ?*
- *Peur du « non » ?*
- *Etc.*

4. *Quels sont vos véritables besoins ?*

- *Être aimé ?*
- *Être valorisé ?*
- *Être accepté dans votre vécu, vos besoins, vos goûts, vos rêves ?*
- *Être respecté ?*
- *Être libre ?*
- *Être écouté ?*

5. *Quelles demandes claires et précises pouvez-vous faire à votre amoureux pour satisfaire vos besoins ? (Prenez bien le temps de répondre à cette question.) Par exemple, ne dites pas : « J'ai besoin d'être aimé. » Dites plutôt comment vous aimeriez l'être en demandant, par exemple, à votre amoureux :*

- *de vous prendre dans ses bras ;*
- *de vous exprimer son amour par des mots ;*
- *de souligner votre anniversaire ;*
- *de vous inviter au restaurant ;*
- *de vous consacrer du temps, après le coucher des enfants, pour parler ;*
- *etc.*

6. *Passez à l'action sans défensive en faisant vos demandes. Si vous n'êtes pas reçu, voyez comment vous pouvez prendre soin de vous dans cette circonstance en vous servant des secrets dévoilés dans ce guide. Surtout ne vous abandonnez pas. N'oubliez pas que la constance et l'authenticité viennent à bout de tout.*

Cet exercice d'affirmation de vous-même comportera l'avantage de remettre entre vos mains le pouvoir de solutionner vos problèmes, de vous libérer de vos attentes et de combler vos manques dans votre relation amoureuse. L'objectif à atteindre est de devenir autonome en amour. N'oubliez pas que, même si vous vivez des manques, vous n'êtes ni l'enfant ni le parent de votre conjoint, vous êtes, comme lui, un être blessé qui doit apprendre à s'aimer suffisamment pour devenir libre à l'intérieur même de la relation de couple.

15. Libérez-vous de votre dépendance

Un des systèmes relationnels qui tue petit à petit l'amour de soi et l'amour de l'autre dans une relation de couple, c'est le système parent/enfant que je pourrais appeler aussi protecteur/dépendant. Dans ce système, l'un des conjoints prend l'autre en charge au même titre qu'un parent avec un jeune enfant. Ce système relationnel altère le sentiment amoureux, car un parent ne peut pas « être en amour » avec son fils ou sa fille. Le type d'amour qui existe entre un parent et son enfant ne se transpose pas tel quel dans la vie d'un couple. On aime son conjoint différemment de son père ou de sa mère. D'où vient donc alors cette recherche perpétuelle d'un parent protecteur ou cette compulsion à vouloir prendre l'autre en charge en amour?

Celui qui joue le rôle de parent-protecteur dans le couple a appris, pour différentes raisons, à endosser la responsabilité des besoins de ses parents et de sa fratrie alors que celui qui tient le rôle de l'enfant a grandi en se faisant prendre en charge. Souvent, sur le plan amoureux, le « parent » et l'« enfant » s'attirent l'un l'autre, parce que leur expérience de l'amour a été construite sur ce système dysfonctionnel. Ils n'en connaissent pas vraiment d'autres. Pour eux, aucun amour n'existe en dehors de ce système qu'ils cherchent à recréer inconsciemment. Leur volonté de changement n'a aucun pouvoir sur ce phénomène d'attraction psychique. Aussi, le répètent-ils tant et aussi longtemps qu'ils ne prennent pas conscience des blessures qui le sous-tendent.

Le système protecteur/dépendant se manifeste chez les couples sur deux plans : celui de la vie extérieure et celui de la vie intérieure.

Le plan extérieur du système parent/enfant

Sur le plan «extérieur», le parent est celui qui prend la responsabilité du couple et de la famille sur ses épaules. Il contrôle à peu près tout, directement ou indirectement, en dépit des apparences : le budget, l'éducation des enfants, l'organisation matérielle, les ressources financières, etc. Dans ce système, ou bien l' «enfant» s'en remet entièrement à son «parent» ou bien il agit à sa guise et dépense selon ses désirs ce qu'il a gagné, sans tenir compte du budget familial. Il se montre soit soumis, soit rebelle, mais dans les deux cas, il est irresponsable.

N'oubliez pas que, dans un système, les deux conjoints sont concernés. Comme dans tout système relationnel, il n'y a pas un «bon» et un «mauvais». Par amour pour eux-mêmes, et s'ils veulent réussir leur relation amoureuse, les deux partenaires doivent apprendre à devenir libres dans l'ici et maintenant, sans nier leur passé et leur histoire personnelle.

Que faire pour prendre soin de vous si vous êtes coincé dans un tel système ?

1. Acceptez-vous tel que vous êtes sans vous juger ; ne niez surtout pas la vérité.

2. Acceptez aussi votre conjoint sans le rendre responsable de vos malaises et de vos problèmes de couple.

3. Voyez de quelle manière vous pouvez désamorcer ce système et vivre en harmonie avec l'autre en tenant compte de vos deux réalités.

4. Communiquez pour exprimer vos besoins et vous entendre sur un modus vivendi.

Marlène et Jean se lançaient constamment des reproches. Il la surnommait « la directrice des opérations », spécialement quand elle le ramenait à l'ordre à propos du budget et cherchait à limiter ses dépenses. Elle lui en voulait de ne s'occuper de leurs trois enfants que pour jouer avec eux. Lorsqu'elle parlait de lui, elle disait qu'il était son quatrième enfant. En vérité, elle n'avait pas tort et lui non plus. La conséquence en était qu'ils ne se sentaient plus vraiment amoureux l'un de l'autre et ne comprenaient pas pourquoi.

Un jour qu'elle reprochait à ses fils de se chicaner constamment, elle leur a dit : « *J'en ai marre de vos disputes. Vous rendez-vous compte que vous agissez comme des jeunes de la maternelle ?* » Du tac au tac, son aîné lui a répondu : « *Moi aussi j'en ai marre d'avoir des parents qui se disputent comme des enfants.* » Ces paroles l'ont tellement touchée qu'elle n'a pas pu rétorquer. Elle a eu tellement honte que, ce jour-là, elle a pris la décision de passer à l'action et d'apporter des changements dans sa vie de couple. Pendant des années, elle avait tenté de changer son mari pour qu'il gagne en maturité. Elle n'avait pas réussi. Il avait gardé son âme d'enfant avec les avantages et les inconvénients que cela comportait. Pour assurer un équilibre, elle avait pris en charge presque toutes les responsabilités de leur vie de couple et de leur vie de famille. Aujourd'hui, elle constatait que les résultats n'étaient pas à la hauteur de ses efforts et de ses aspirations. Elle a alors compris que la responsabilité de changer quelque chose lui incombait. Changer quoi ?

Grâce à une personne-ressource, elle a entrepris sa démarche. Contrairement à ce qu'elle croyait devoir faire, au lieu de travailler à changer Jean et à se changer, elle a découvert que la première voie possible de toute transformation était l'acceptation. S'accepter comme parent contrôleur et s'observer dans ce rôle lui ont permis, après quelques semaines d'intégration, d'accepter Jean et de comprendre les causes de leurs querelles de couple. Ne se sentant plus le mauvais conjoint irresponsable aux yeux de son épouse, Jean est devenu moins défensif et plus ouvert à la communication. Chacun a commencé à voir ses côtés positifs et ceux de l'autre. Ils ont appris à exprimer leurs besoins dans le respect de leurs différences et de leurs histoires de vie. Ils ont découvert ainsi le chemin de l'amour. Ce processus s'est déroulé sur plusieurs mois, mais grâce à leur persévérance, ils ont appris à être un vrai couple, un couple harmonieux.

Jean a assumé certaines responsabilités, dont Marlène a accepté de se départir, même s'il les accomplissait d'une manière différente de la sienne. Jean a aussi reconnu que Marlène possédait un sens de l'organisation et des responsabilités qu'il n'avait pas. Au lieu de la qualifier péjorativement de « directrice des opérations », il lui démontrait à quel point il appréciait ces qualités et combien elles s'avéraient utiles dans le déroulement cohérent de leur vie de famille. Marlène, en tant que femme responsable et sérieuse, profitait mieux de la spontanéité de son mari. Elle reconnaissait qu'il savait rendre leur vie plus légère par son côté naturellement joyeux et par sa capacité à désamorcer les situations désagréables au moyen de l'humour. Petit à petit, ils se sont ajustés l'un à l'autre sans perdre leur liberté d'être. À mesure qu'ils cheminaient, ils prenaient conscience qu'ils ne se disputaient presque plus et que le sentiment amoureux se réanimait en eux grâce à l'acceptation. Sans ces fondations sur lesquelles se fonde l'amour de soi, il n'y a aucune possibilité de vie amoureuse réussie. Cet amour de soi est le secret de la dissolution du système parent-enfant lorsqu'il touche la vie intérieure des conjoints.

Le plan intérieur du système parent-enfant

Le système parent-enfant se manifeste sur le plan intérieur quand l'un des conjoints prend en charge la souffrance physique ou psychique de l'autre. Cette autre forme de prise en charge est plus nocive que la première parce que beaucoup plus subtile et donc plus difficile à discerner. Elle mérite que je lui consacre quelques lignes dans ce guide, car elle représente la plus importante manifestation de la dépendance affective qui guette la vie amoureuse de la plupart des couples et l'un des plus grands obstacles au développement de l'amour de soi.

Avant de vous expliquer ce système, je vous invite à une réflexion. Si, par exemple, votre conjoint a été blessé, humilié, trahi, dévalorisé par son frère ou son meilleur ami et qu'il en souffre énormément, que ferez-vous pour l'aider ? Répondez bien à cette question avant de poursuivre votre lecture.

Grosso modo, il existe deux façons de réagir dans de telles circonstances, l'une consiste à entretenir la dépendance affective et l'autre, à créer un espace de liberté intérieure.

La réaction qui crée la dépendance affective

1. Comment crée-t-on la dépendance affective dans une telle situation ?

   - Par la prise en charge de la souffrance du conjoint.

2. Comment le conjoint qui veut aider actualisera-t-il cette prise en charge ?

   - Par l'un ou par l'autre des comportements suivants :
     - il prendra parti pour son conjoint blessé ;
     - il critiquera ouvertement son beau-frère ;
     - il plaindra son conjoint ;
     - il complotera contre son frère ;
     - il entreprendra des démarches en faveur de son amoureux auprès du frère ou de son entourage ;
     - il agira dans l'espoir que l'être aimé ne souffre plus.

3. Quelles sont les conséquences si vous adoptez un de ces comportements de parent protecteur ?

   - Vous nourrissez la dépendance de votre conjoint par rapport à vous. Si vous répétez ce fonctionnement, il attendra toujours que vous le preniez en charge de cette façon quand il sera blessé.

   - Vous ne l'aidez pas à se prendre en main en trouvant sa part de responsabilité dans le conflit. Au contraire, vous entretenez sa « victimite ».

   - Vous ne manifestez pas d'amour envers vous-même au sens où vous êtes centré uniquement sur la souffrance de votre amoureux. De cette façon vous n'accueillez pas la vôtre, c'est-à-dire la souffrance causée par votre impuissance à l'aider, votre culpabilité ou votre peur qu'il ne s'en sorte pas. Au fond, vous agissez par égoïsme, pour dissiper votre propre souffrance, beaucoup plus que par amour.

- Vous montrez un manque flagrant de confiance en votre conjoint. Sans le vouloir, vous le traitez comme un enfant, ce qui l'empêchera de faire confiance à ses propres ressources et de les solliciter.

- Vous l'empêchez d'être autonome. Le prendre en charge peut être une manière de vous rendre indispensable, de le contrôler, de le posséder pour ne pas le perdre. Cela entretient inconsciemment chez lui le sentiment d'être redevable, l'impression qu'il ne peut pas vivre sans vous et que vous lui servirez de bouée de sauvetage permanente.

- Vous nourrissez en lui un sentiment profond de culpabilité. Inconsciemment il sent qu'il vous fait porter le poids de ses souffrances.

- Si votre fonctionnement de prise en charge est chronique et poussé à l'extrême, il est possible que vous vous enfonciez avec lui dans l'enfer de la victimite, de l'autodestruction, voire de la paranoïa, et que vous voyiez des « bourreaux » partout, même là où il n'y en a pas.

- Vous perdrez ainsi tous les deux votre liberté, car vous serez emprisonnés l'un par l'autre.

- Vous pourrez même vous épuiser physiquement parce que vous portez sur vos épaules des responsabilités qui ne vous appartiennent pas. Vous ne portez pas seulement vos propres souffrances, mais aussi celles de votre conjoint et possiblement celles de vos enfants, de vos parents et du monde entier.

Si vous êtes prisonniers d'un tel système, les conséquences qu'il comporte vous rendront probablement mal à
l'aise. Surtout, ne vous disqualifiez pas. Rarissimes sont les
couples qui ne sont pas aux prises avec le problème de la
prise en charge et de la dépendance affective. S'en libérer
demande de la persévérance, une recherche d'amour véritable de soi et de l'autre, et la satisfaction du besoin vital
de liberté intérieure. Pour vous aider dans ce cheminement,
voyons comment vous libérer de ce système de dépendance
quand vous êtes confrontés à la souffrance de votre conjoint.

La réaction qui crée un espace de liberté intérieure

La grande question à poser ici est la suivante : **que faire
quand votre conjoint souffre physiquement ou émotionnellement ?**

Faut-il vous désintéresser complètement de lui et lui rappeler que c'est son problème ? Surtout pas.

Vous faut-il occulter votre sentiment d'impuissance et
vous montrer insensible à sa douleur ? Évidemment pas.

Pour répondre à cette question, j'ai demandé à mon
conjoint comment il avait pu rester toujours serein et de
bonne humeur devant ma souffrance physique et la souffrance psychique due aux limites que m'ont imposées mes
problèmes de santé pendant des années.

Avec son regard amoureux, il m'a répondu spontanément
que c'était clair pour lui qu'il n'avait pas à souffrir parce que
moi je souffrais. Il m'a dit qu'il avait accepté de vivre avec
l'impuissance et qu'il avait gardé confiance en ma capacité de prendre la responsabilité de mon vécu. Il a ajouté
qu'il s'était toujours senti totalement libre au cours de ces
années-là.

Est-ce dire qu'il était indifférent à moi ? Pas du tout. Il savait m'écouter et accueillir l'expression de mes émotions sans me donner de conseils. De plus, il se montrait disponible quand je m'occupais de mes besoins et que je lui adressais des demandes claires.

Jamais je ne me suis sentie abandonnée par lui. Le fait qu'il n'endosse pas la responsabilité de mes douleurs m'a fait beaucoup de bien. Je savais qu'il me faisait confiance et j'éprouvais un sentiment de liberté extraordinaire parce que je ne me sentais ni coupable ni redevable. Le plus merveilleux est que, à cause de ma responsabilité, je ne représentais pas un poids pour lui. Il ne m'a pas pris en charge ni en pitié. Je me sentais profondément aimée, voire admirée pour ma force intérieure. Je l'admirais aussi de ne pas se laisser dominer par l'impuissance. Il est ressorti de cette expérience un approfondissement de l'amour de soi et de l'autre, de la confiance en soi et en l'autre et du sentiment de liberté.

Donc, si votre conjoint souffre :

1. restez sensible à sa souffrance ;

2. écoutez-le sans lui donner de conseils ;

3. manifestez-lui votre empathie et votre compréhension ;

4. dites-lui avec amour que vous lui faites confiance et que vous savez qu'il a en lui toutes les ressources pour s'en sortir ;

5. finalement, assurez-le de votre disponibilité à l'écouter et à l'aider sans le prendre en charge s'il exprime ses besoins.

Si vous agissez ainsi, vous vous libérerez de la dépendance affective et le lien qui vous unira tous les deux sera un lien de véritable amour parce qu'il aura été fondé sur l'amour de vous-même.

Quinzième petit secret pour prendre soin de vous

Ne prenez pas votre conjoint en charge.

**Faites confiance à sa capacité
de prendre sa vie en main
et d'utiliser toutes ses ressources intérieures
pour composer avec sa souffrance et s'en libérer.**

**Ne vous faites pas prendre en charge par lui non plus.
Faites confiance à votre force intérieure
et agissez dans le sens de votre mieux-être.**

Personne d'autre que vous-même n'a la responsabilité de prendre soin de vous. Toute attente de votre part par rapport à l'être aimé vous gardera à perpétuité dans l'impuissance, la déception et la frustration. Aussi, pour vous aider à vous donner l'importance que vous méritez dans votre relation de couple et à vous occuper de vous-même dans toutes les circonstances de votre vie, je vous encourage à effectuer l'exercice suivant au moins deux fois par semaine et, préférablement, à la fin de chaque journée.

Exercice d'amour de soi

1. *Comment vous êtes-vous occupé des besoins de votre corps aujourd'hui ?*

   - *planification de temps libre*
   - *relaxation, détente*
   - *exercices*
   - SPA
   - *sports*
   - *massage, ostéopathie, etc.*

177

- *rendez-vous avec un spécialiste de la santé*
- *alimentation saine et équilibrée*
- *soins esthétiques*
- *achat de vêtements*
- *respirations profondes*
- *activités dans la nature*
- *planification de vacances*
- *satisfaction du besoin d'être touché*
- *sexualité*
- *sommeil suffisant*
- *soins de santé*
- *danse*
- *jeux pour bouger*
- *autre*

2. *Comment avez-vous pris soin de vos besoins intellectuels ?*

- *lectures*
- *études*
- *conférence*
- *écriture*
- *présence à un cours*
- *préparation de cours*
- *travail de recherche*
- *conception d'un projet*
- *planification du travail*
- *élaboration de plans*
- *jeux tels que mots croisés, sudoku, énigmes...*
- *travail analytique*
- *travail de synthèse*
- *autre*

3. *Comment avez-vous pris soin de vos besoins affectifs?*

- *ouverture du cœur*
- *rencontres agréables*
- *choix de vos relations*
- *communication à partir du cœur*
- *thérapie*
- *atelier de travail sur vous-même*
- *respect de vos limites*
- *identification de vos blessures*
- *accueil de votre vécu*
- *expression de vos émotions*
- *identification de vos besoins :*
  - *aimer*
  - *être aimé*
  - *valoriser*
  - *être valorisé*
  - *écouter*
  - *être écouté*
  - *accueillir*
  - *être accueilli*
  - *accepter*
  - *être accepté*
  - *respecter*
  - *être respecté*
  - *comprendre*
  - *être compris*
  - *être libre*
  - *rendre libre*
  - *vous affirmer*
  - *exprimer vos besoins par des demandes claires et précises*
  - *autre*

4. *Comment avez-vous pris soin de vos besoins spirituels ?*

- *contemplation de la nature*
- *méditation*
- *lectures spirituelles*
- *temps de silence*
- *lâcher-prise dans les moments de stress*
- *lâcher-prise dans les moments d'impuissance*
- *pardon*
- *acceptation de ce qui est*
- *prière*
- *solitude*
- *contact avec l'état d'amour en vous*
- *recherche de sérénité*
- *recherche de paix intérieure*
- *réconciliation*
- *pensées constructives*
- *acte de gratitude*
- *acte d'humilité*
- *acte de reconnaissance de l'autre*
- *don financier*
- *service aux autres*
- *don de votre temps*
- *activités créatrices*
- *autre*

Rappelez-vous que le secret de l'amour de soi dans la relation de couple repose sur :

a. la prise de conscience de votre difficulté à prendre soin de vous et à vous accorder la priorité en relation ;

b. la décision ferme de recourir à des moyens concrets et constants de vous occuper de vous, de vous respecter, de vous faire respecter en toutes circonstances ;

c. le courage de passer à l'action dans la poursuite des buts suivants :

- vous connaître par la lecture de livres appropriés, le travail thérapeutique et l'autoobservation ;

- vous respecter par la prise de conscience de votre valeur, la recherche d'authenticité, le choix juste de vos relations ;

- vous affirmer en fixant vos limites et en exprimant vos besoins.

L'amour de soi n'a pas été donné à tout le monde en héritage. Cependant il se cultive par le travail sur soi et par les expériences relationnelles. Il croît comme un arbre qui, pour s'enraciner profondément, a besoin d'eau et, pour déployer son feuillage, a besoin de soleil. Vous puiserez l'eau au creux de votre cœur, dans vos blessures, et au creux de votre âme, dans l'état d'amour qui vous habite. Vous trouverez le soleil dans tout ce que vous apprendra votre relation avec celui ou celle que vous aimez. Le plus grand secret de l'amour de soi consiste à ne jamais cesser de puiser à ces deux sources. Elles nourriront indéfiniment votre cheminement parce qu'elles sont inépuisables.

Rappelons que l'amour de soi, sujet de ce dernier chapitre, n'a aucun point commun avec l'égoïsme. En réalité, une personne trop centrée sur elle-même cherche à l'extérieur ce qu'elle est incapable de se donner parce qu'elle n'a jamais vraiment pris contact avec son intériorité et le meilleur d'elle-même. Lorsqu'elle le fera, elle comprendra que seul celui qui se respecte peut aimer véritablement les autres et prendre soin d'eux sans se perdre, sans s'oublier, sans se trahir. Pour vous encourager à vous en rappeler, je conclurai ce chapitre avec cette belle phrase de Paul Ferrini : « *Prendre soin de soi est une vocation à temps plein. N'essayez pas d'en faire une activité à temps partiel.* »

Conclusion

J'avais 19 ans quand je suis « tombée en amour » avec mon conjoint. Il en avait 18. Trop jeunes, me diront certains. Je ne crois pas. L'amour n'a ni âge, ni règles, ni limites, ni frontières. « Il est », tout simplement. J'ai connu des couples qui croyaient avoir réuni tous les éléments de la réussite avant de s'engager : des études terminées, une carrière entreprise, une maison, une voiture. Malgré cela, ils n'ont pas été heureux ensemble. D'autres, étudiants sans argent, avec un bébé à l'horizon, ont réussi à se construire une vie de bonheur.

Que vous ayez 20 ans, 40 ans, 70 ans, quand l'amour vous enveloppe, suivez-le. Ne vous demandez pas où il vous mènera, cela ne sert à rien. L'amour ne se programme pas, il ne se contrôle pas. Il ne pose pas de condition. Il se vit, comme une aventure. Peu importe où il vous conduira, acceptez de vous découvrir grâce à lui, d'apprendre de lui, de grandir par lui. Que ce soit l'amour de Dieu, de l'être humain, d'un enfant, d'un homme, d'une femme ou de vous-même, il est le cœur de votre vie.

C'est pourquoi tous les secrets développés dans ce livre, petits ou grands, reposent sur ce seul grand secret : L'AMOUR. Quels que soient les obstacles qu'il vous a fait rencontrer – séparations, conflits, frustrations, déceptions –, continuez à le suivre. N'ayez pas peur de lui, même s'il vous a fait souffrir. Ne l'étouffez pas. Ne le fuyez pas. Faites-lui confiance. Il vous ramènera toujours sur « votre » chemin. Il est votre guide le plus sûr. N'oubliez pas que, quelle que soit votre histoire de vie, quels que soient vos blessures et vos manques, quel que soit votre parcours amoureux, vous êtes AMOUR et vous êtes essentiellement faits pour aimer.

Bibliographie

Le couple et l'amour

PHANEUF, Yvan. *Un couple fort, une famille unie*. Montréal : Éditions du CRAM, 2009, 283 pages.

PORTELANCE, Colette. *Aimer sans perdre sa liberté*. Montréal : Éditions du CRAM, 2ᵉ édition 2003, retirage 2007, 249 pages.

PORTELANCE, Colette. *Approfondissez vos relations intimes par la communication authentique*. Montréal : Éditions du CRAM, 2007, 216 pages.

PORTELANCE, Colette. *Vivre en couple et heureux, c'est possible*. Montréal : Éditions du CRAM, 3ᵉ édition, 2007, 286 pages.

SINGER, Christiane. *Éloge du mariage, de l'engagement et autres folies*. Paris : Albin Michel, 2000, 132 pages.

WELWOOD, John. *Le chemin de l'amour conscient. Une voie personnelle et sacrée*. Gap : Éditions le Souffle d'Or, 2010, 250 pages.

L'estime de soi

ANDRÉ, Christophe et François LELORD. *L'estime de soi. S'aimer pour mieux vivre les autres*. Paris : Odile Jacob, Poche, 2008.

BUREAU, Ginette. *À la recherche du soi. Le rituel autobiographique*. Montréal : Éditions du CRAM, 2011, 147 pages.

DUCLOS, Germain. *L'estime de soi, un passeport pour la vie*. Éditions CHU Sainte-Justine, 2010, 247 pages.

FANGET, Frédéric. *Affirmez-vous pour mieux vivre avec les autres*. Paris : Odile Jacob, 2011.

INGERMAN, Sandra. *Protégez-vous des pensées toxiques ! L'alchimie des énergies négatives*. Paris : Guy Trédaniel Éditeur, 2008, 157 pages.

MILLÊTRE, Béatrice. *Bien avec soi-même, bien avec les autres*. Paris : Payot, 2008.

Monbourquette, Jean. *De l'estime de soi à l'estime du Soi. De la psychologie à la spiritualité*. Ottawa : Éditions Novalis/Bayard, 2002, 223 pages.

Poletti, Rosette et Barbara Dobbs. *Petit cahier d'exercices d'estime de soi*. Saint-Julien-en-Genevois : Éditions Jouvence, 2008, 57 pages.

Portelance, Colette. *Relation d'aide et amour de soi*. Montréal : Éditions du CRAM, 6e édition, 2005, retirage 2007, 452 pages.

La dimension spirituelle

Angelard, Christine. *Voyage au pays d'intériorité ou comment retrouver le chemin du cœur*. Paris : Éditions Fides, 2011, 3 pages.

Corneau, Guy. *Revivre*. Montréal : Éditions de l'homme, 2010.

Ferrini, Paul. *Le silence du cœur. Réflexions de l'Esprit Christique Tome 2*. Québec : Le Dauphin Blanc, 2008, 235 pages.

Gibran, Khalil. *Le prophète*. Paris : Hachette Livre, 1994, 100 pages.

Portelance, Colette. *La guérison intérieure par l'acceptation et le lâcher-prise*. Montréal : Éditions du CRAM, 2008, 305 pages.

Portelance, Colette. *La guérison intérieure, un sens à la souffrance*. Montréal : Éditions du CRAM, 2007, 233 pages.

Portelance, Colette. *Les 7 étapes du lâcher-prise*. Montréal : Éditions du CRAM, 2009, 130 pages.

Tolle, Eckhart, *Le pouvoir du moment présent : guide d'éveil spirituel*. Traduction d'Annie J. Ollivier. Outremont, QC : Ariane Éditions, 2000, 219 pages.

Vitale, Joe. *Zéro limite*. Québec : Dauphin blanc, 2008, 243 pages.

Pour une thérapie individuelle,
pour une thérapie relationnelle
ou pour un travail en groupe :

1-877-598-7758
514-598-7758

Achevé d'imprimer
au mois de juillet 2011
sur les presses des Imprimeries
Transcontinental (Gagné)
à Louiseville (Québec).